Félix Lope de Vega y Carpio

La discordia
en los casados

Barcelona **2024**
Linkgua-ediciones.com

Créditos

Título original: La discordia en los casados.

© 2024, Red ediciones S.L.

e-mail: info@linkgua.com

Diseño de cubierta: Michel Mallard.

ISBN tapa dura: 978-84-1126-252-1.
ISBN rústica: 978-84-9816-189-2.
ISBN ebook: 978-84-9897-720-2.

Sumario

Brevísima presentación

La vida

Félix Lope de Vega y Carpio (Madrid, 1562-Madrid, 1635). España.

Nació en una familia modesta, estudió con los jesuitas y no terminó la universidad en Alcalá de Henares, parece que por asuntos amorosos. Tras su ruptura con Elena Osorio (Filis en sus poemas), su gran amor de juventud, Lope escribió libelos contra la familia de ésta. Por ello fue procesado y desterrado en 1588, año en que se casó con Isabel de Urbina (Belisa).

Pasó los dos primeros años en Valencia, y luego en Alba de Tormes, al servicio del duque de Alba. En 1594, tras fallecer su esposa y su hija, fue perdonado y volvió a Madrid.

Entonces era uno de los autores más populares y aclamados de la Corte. La desgracia marcó sus últimos años: Marta de Nevares una de sus últimas amantes quedó ciega en 1625, perdió la razón y murió en 1632. También murió su hijo Lope Félix. La soledad, el sufrimiento, la enfermedad, o los problemas económicos no le impidieron escribir.

Personajes

Alberto
Leonido
Otón
Pinabelo
Aurelio
Roselo (Rosabelo)
Enrico
El rey de Frisia, Albano
Rosaberto, su hijo
Elena, duquesa
Otavia, dama
Celia, villana
Aurora, villana
Perol, villano
Siralbo, villano
Clenardo
Panfilo
Músicos
Fabio
Soldados

Jornada primera

(Salen Alberto y Leonido.)

Alberto
Casaráse la Duquesa,
Leonido, como es razón,
que pese o no pese a Otón.

Leonido
Todos dicen que le pesa,
y está a impedirlo dispuesto.

Alberto
¿De qué le puede pesar
a un hombre particular
desinteresado en esto?

Leonido
El se debe de entender.

Alberto
Pues entenderáse mal;
porque si ha de ser su igual,
el rey de Frisia ha de ser.
Esto conviene a su Estado
y a nosotros un señor
de real sangre y valor,
y tan gallardo soldado,
que no ha de salir Otón
con desatinos tan grandes,
si Alemania, Francia y Flandes
ayudan su pretensión.

Leonido
No pienso yo que camina
por darla a otro rey, pues creo
que a diferente deseo
los pensamientos inclina.
Y es tan feo y desigual,

que a decirle no me atrevo.

Alberto La ambición, Leonido, es cebo
dulce, engañoso y mortal.
¿Qué quiere en Cleves Otón?

Leonido Ser duque.

Alberto Ni aun lo imagines.

Leonido Pues, ¿a qué blancos o fines
mirará su pretensión,
si tiene un hijo mancebo,
de la Duquesa galán?

Alberto Si ellos de concierto están,
yo cumpliré lo que debo
al duque muerto y a mí
con aventurar la vida.

(Salen la Duquesa Elena y Otavia, dama.)

Elena De vuestro engaño advertida
al desengaño salí.
¿Qué modo de hablar es ése,
Leonido, en mis propios ojos?

Leonido Tu daño y nuestros enojos,
de que es razón que nos pese.
¿Al rey de Frisia es razón
que se anteponga un vasallo
y que después de llamallo
su venida impida Otón?
¿Qué respuesta se ha de dar

a un rey soldado y mancebo?

Elena   Para mí, Leonido, es nuevo
que Otón me quiera casar.
  Y si más lejos lo mira
como en Francia, juzga mal.

Leonido   Sujeto más desigual
murmuran; pero es mentira
  y odio que tienen a Otón
de verle tan poderoso,
que él es hombre generoso
y envidias civiles son.
  Tú eres prudente y altiva;
tu padre es muerto; esta tierra
teme ocasiones de guerra,
que en dueño vasallo estriba.
  Admite al rey, y harás cosa
digna de tu nombre claro;
que debajo de su amparo
quedas segura y dichosa.
  Vuelve los ojos a ver
cuántos daños al honor
nacieron de un loco amor
y un gobierno de mujer.
  Yo he dicho más que pensaba:
a mi lealtad lo perdona.
La condición, la persona
del rey todo el mundo alaba.
  Él está cerca: yo voy,
señora, a besar su mano.

(Vase.)

Alberto	Ya parece intento vano,
	si en el mismo engaño estoy,
	despedir, duquesa, un rey.
	Tus grandes, con justo acuerdo
	de un voto prudente y cuerdo,
	siguiendo la antigua ley,
	guardada por la memoria
	de tiempo inmortal en Cleves,
	a quien dar crédito debes
	para conservar la gloria
	de tus heroicos pasados,
	un rey te dan por marido.
	Si algún vasallo atrevido
	quiere alterar tus estados
	con desigual ambición,
	no me tendrás de tu parte
	mientras Amor no te aparte
	de los consejos de Otón.
	Al rey de Frisia te han dado
	por marido; ése obedezco
	por señor, y así le ofrezco
	mi espada, deudos y Estado.
	Esto es seguir lo que es justo.
	Yo voy a besar su mano.

(Vase.)

Elena	¿Qué es esto?
Otavia	Que algún villano
	quiere intentar tu disgusto,
	pensando en esta ocasión
	descomponer tu quietud.

Elena	Creo lo de la virtud
	y de la lealtad de Otón;
	mas cuanto mi casamiento
	se va dilatando, Otavia,
	tanto el vulgo necio agravia
	su honor y mi pensamiento.
	Muriendo el duque me dijo
	que por padre me dejaba
	a Otón.

Elena

Creo lo de la virtud
y de la lealtad de Otón;
 mas cuanto mi casamiento
se va dilatando, Otavia,
tanto el vulgo necio agravia
su honor y mi pensamiento.
 Muriendo el duque me dijo
que por padre me dejaba
a Otón.

Otavia

  ¡Bien seguro estaba
de la ambición de su hijo!
 Pero suspende, señora,
la plática.

Elena

   ¿Viene?

(Salen Otón y Pinabelo, su hijo. Los dos hablan aparte.)

Otavia

    Sí.

Otón

Otavia sola está aquí.

Pinabelo

Bien puedes hablarla agora.

Otón

 Las nuevas te vengo a dar
de que el rey viene y se acerca.

Elena

¿Qué dicen de verle cerca?

Otón

Que tú le has hecho llamar.

Elena

 No te pregunto si yo
le he llamado, pues si él viene

alguna licencia tiene,
y quien pudo se la dio.
    Lo que se dice pregunto
de venir el rey aquí.

Otón   Que viene a casarse.

Elena   ¿Ansí?

Otón   Y yo lo sé en este punto,
                    de que formo justo agravio,
                pues sin Otón no es razón
                que te hayas casado.

Elena   Otón,
                tú eres hombre viejo y sabio:
                    ya conoces las mujeres.
                Con serlo, es opinión mía
                que la más cuerda en un día
                tiene diez mil pareceres.
                    A mí, con esta disculpa
                no tienes de qué culparme.

Otón   Debo, Señora, quejarme,
                si ya el quejarme no es culpa,
                    del agravio que me has hecho.

Elena   No estoy yo casada, Otón,
                sino puesta en la ocasión.

Otón   Agora me has satisfecho.
                    No diré yo que has negado.

Elena   ¿Qué sacas de esta razón?

Otón	Que mujer y en la ocasión,
	haz cuenta que te has casado.
	¡Y cuán mejor te estuviera
	casarte en tu tierra!
Elena	¿Aquí?
	Pues, ¿quién se igualara a mí
	ni a decirlo se atreviera?
Otón	¿Quién? Yo, que tu sangre soy.
Elena	Es de muy lejos.
Otón	No es,
	y más si el espejo ves
	en que imitándome estoy.
	¿No pudiera Pinabelo,
	mi hijo, ser tu marido?
	¿No es, como el rey, bien nacido
	y en quien deposita el cielo
	las virtudes que se ven?
	¿No era mejor que un extraño
	que, por interés y engaño,
	te escribe y te quiere bien?
	¿No era mejor que tuvieras
	un esclavo, y no marido?
Elena	Calla, Otón, que vas perdido;
	ni pienso que hablas de veras.
	El dueño que he de tener
	no ha de ser menos que yo,
	que nunca se sujetó
	a su inferior la mujer.

No quiero esclavo rendido,
como a tu hijo has pintado,
sino a quien pueda mi estado
llamar señor; yo, marido.
   Si bien se ha de gobernar
la mujer ha de tener,
no quien sepa obedecer,
sino quien sepa mandar.
   Si con dueños de valor
somos terribles, quien tiene
dueño que a mandarle viene
¿cómo guardará su honor?
   La cabeza es el marido;
subir a lugar tan alto
los pies era dar un salto
muy loco y desvanecido.
   Mi cabeza más grandeza
requiere, y pies no me des,
porque nunca de los pies
se hizo buena cabeza.

(Vanse Elena y Otavia.)

Otón   ¿Qué te parece?

Pinabelo   Que ha sido
justo que así te haya hablado,
que este desprecio ha causado
la sombra de su marido.
   En virtud de que ya viene
porque tú te descuidaste
a la humildad que mostraste
este atrevimiento tiene.
   ¿Acuerdas cuando casada

con el rey de Frisia está
y que por la posta ya
anticipa su embajada,
   y te admiras que se atreva
al respeto de tus canas?

Otón   De mis esperanzas vanas
no quise intentar la prueba.
   Tarde hablé ya; mejor fuera,
Pinabelo, haber callado.
Un pecho determinado
¿qué respetos considera?
   Envidias nuestras han sido
las que han tratado en sujeto
que tenga tan breve efeto
el dar a Elena marido.
   Pero venga en tan mal punto
como yo se lo deseo,
que de mi venganza creo
que todo le viene junto.
   O me ha de costar la vida
o no han de vivir en paz.

Pinabelo   No hay cosa más pertinaz
que una esperanza perdida.
   ¿De qué sirve que sustentes
lo que no puede durar?

Otón   Los dos se podrán casar...

Pinabelo   Pues, ¿qué te queda que intentes?

Otón   Eso déjamelo a mí,
que si un año se gozaren,

ni a la sucesión llegaren
que pensé tener de ti,
    yo quedaré sin honor
y sin vida quedaré.

(Vase.)

Pinabelo   Y yo, entre tanto, ¿qué haré,
              lleno de envidia y de amor?
                  Que aunque mi padre prometa
              la venganza que procura,
              ¿qué importa a mi desventura
              si la duquesa le aceta?
                  Que llegue la ejecución
              es lo que debo sentir,
              que no he menester vivir
              si toma el rey posesión.
                  El estorbar que se casen
              es lo que me causa pena;
              que, una vez robada Elena,
              mas que mil Troyas se abrasen.

(Salen el rey de Frisia y Aurelio, Roselo y Enrico, caballeros galanes, de plumas
y bandas, botas y espuelas.)

Rey   ¡Bravas postas!

Aurelio   No has corrido
              mejores caballos.

Rey   Creo
              que he venido en mi deseo,
              con tanta furia he venido.
                  Aquí es forzoso parar,

aunque mi deseo no,
porque adelante pasó
luego que me vio llegar.

Roselo   No porque faltan caballos
paramos en esta aldea,
mas porque más dulce sea
tu presencia a tus vasallos.
   Que es bien que sepan que vienes,
porque el esperar el bien
suele aumentarle también.

Rey   Ni amor ni cuidado tienes,
   ¡pesi a tal!, Roselo amigo:
¿qué rienda, aunque sea de honor,
cuando va corriendo Amor
tendrá su furia?

Roselo   No digo
   que dilates la jornada;
pero que sepan que llegas.
No digan, señor, que ruegas.

Rey   Amor no repara en nada.
   A Elena vi, disfrazado,
con aquel luto que hacía
sombra al más hermoso día,
eclipse al Sol más dorado.
   Si la muerte da tal fruto
entonces tuve por cierto
que fuera bien ser el muerto
por ser causa de aquel luto.
   Aunque luego me resiste
de perderla con morir,

el ver que es mejor vivir
por gozar de quien le viste.
    ¿No has visto el Sol, que la cara
por algún nublado asoma,
que lo negro el torno toma
claridad de su luz clara?
    ¿No has visto una imagen bella
que el ébano en la moldura
hace mayor su blancura
y que resplandece en ella?
    ¿No has visto un diamante fino
que en el oro brilla y salta
cuando de negro se esmalta
con su resplandor divino?
    ¿No has visto Luna menguante
salir tarde a esclarecer
la noche, o irse a poner,
Venus hermosa, al Levante?
    ¿No has visto perla oriental
en negro abalorio puesta
o en lazos de saya honesta
puntas de blanco cristal?
    Pues tal la duquesa hermosa
con el luto parecía:
imagen, diamante, día,
Sol, Luna y perla preciosa.

Enrico   ¿Verla una vez, gran señor,
de seso te tiene ajeno?

Rey   Sí, porque es la del veneno
la condición del amor.
    Hay venenos dilatados
que dan un mes de sosiego,

y otros hay que matan luego
sin poder ser reparados.
    Amor suele dar un mes
y un año de dilación
y, a veces, alma y razón
pone en un punto a los pies.
    Yo estoy tal, que no encarezco
lo que siento, porque sé
que sin morir no podré.

(Salen Perol, Celia, Aurora, Siralbo, y otros villanos y villanas y músicos que traen un baile al Rey.)

Perol   Digo que a hablarle me ofrezco,
                    aunque fuera el rey Herodes,
                 cuantísimas que él nos avisa
                 que es rey de bayeta o frisa.

Celia   ¡Pardiez!, como tú le apodes
                    con tu donaire, Perol,
                 que esto bien sabes hacello,
                 que no es mucho que por ello
                 te mande poner al Sol.

Perol   ¿Traéis estudiada bien
                 la danza?

Aurora   Si, por ventura,
                 no nos turba la luz pura
                 que en el rey los ojos ven.
                    Son los reyes y el valor
                 de sus partes siempre hermosas
                 imágenes milagrosas
                 que a solas causan temor.

21

Siralbo	Bien dice Aurora, y yo digo que quien al rey ha de hablar primero lo ha de estudiar, so pena de su castigo.
Perol	La misma razón os ciega, y de que se huelga hay fama cualquier rey y cualquier dama que se turbe el que los ruega. Los dichos de vuestra danza es lo que habéis de historiar.
Celia	¿Mas que te manda azotar en el revés de la panza?
Perol	Mande o no mande, yo voy.
Rey	¿Quién son éstos?
Aurora	Los villanos de esta aldea.
Rey	Cortesanos son para mí desde hoy. Basta ser de la duquesa.
Roselo	Una danza te han traído.
Rey	Alegres me han recibido.
Roselo	Es agüero.
Rey	No me pesa.

Perol

Sabiendo mueso lugar
que es mueso rey su mercé
entró en concejo, a la fe
para alegrarle al pasar.
    Después de una buena bota
hubo deferentes votos,
y aun algunos alborotos,
que el vino presto alborota,
    sobre qué fiesta se haría.
Que le jugasen la chueca
los mozos, Sancho Babieca,
emberriñado, decía.
    Una soíza de moros,
dijo el cura, y Juan Redondo
le replicó muy orondo
que le corriésemos toros.
    Blas de Pocasangre dijo
que danza de espadas fuese
y que el lugar la vistiese,
porque es danante su hijo.
    Porfió Sancho de Cos
que a su mercé presentasen
el mayor puerco que hallasen,
que hay hartos, gracias a Dios.
    «Baile ha de ser —dijo Bras—,
aunque tien barbas tan pocas,
todo de viejas sin tocas,
que es baile de Satanás.»
    Pero Juan Gil replicaba,
y aun apostaba su buey,
que se espantaría el rey
si sin tocas las miraba.
    Mas dijo Antón de las Viñas

que saliesen afeitadas,
que sin tocas y enrubiadas
pensaría que eran niñas.

   Sobre esto hubo tanta voz,
que quedó determinado
enviarle un ganso asado
en una artesa de arroz.

   Mas, enojándose el Cura,
una danza se estudió
de estos zagales, que yo
presento a su catadura.

   Oiga los dichos, que son
de un hombre asaz sabio y cuerdo,
Y si no diere atención
lanzada de moro izquierdo
le rebane el corazón.

Rey   Vos habéis muy bien propuesto
       la fiesta de este lugar.

Perol   ¿Comenzarán a danzar?

Rey   Sí.

Perol   Pues, tocad, Pero Cesto.

(Los músicos canten así, y dos villanas o tres bailan con otros tantos villanos.)

Músicos   «Salen los albores
       del sole del día;
       huyen las estrellas;
       la noche se iba;
       esmalta las flores
       blanca argentería;

lágrimas del alba
como prata fina.
Júntanse las aves
en las fuentes fridas;
canciones que cantan
el rey las oía.

(Baile.)   Si te casas, zagala del prado,
con los ojos del alma le mira,
porque a veces las buenas caras
encubren la alevosía.»

(Párense, y represente así Celia.)

Celia   Oíd los que estáis presentes:
la Paz soy del casamiento.
Al rey, que viene a casarse,
parabién a darle vengo.
Goce mi paz muchos años,
como lo espero del cielo,
con próspera sucesión
que dure siglos eternos.

(Bailen.)

Músicos   «Bendiciones le daban al novio
las zagalas de su pueblo;
él será, si le alcanzan todas,
el más dichoso del suelo.»

(Diga así un Pastor.)

Pastor   Advierte, Paz, que yo soy
la Envidia del casamiento,
porque de su posesión

y mi desdicha la tengo.
Lo que gana me fatiga,
deshácememe lo que pierdo,
porque es mi definición
pesarme del bien ajeno.

Siralbo

Contigo voy, que yo soy
del casamiento los Celos.

Celia

Pues ¿tú vienes a estas bodas?

Siralbo

Sí, Paz, a estorbarte vengo.

Aurora

Pues, quedo, que también soy
la Discordia, y hacer pienso
más daño que todos juntos.

Celia

Salido habéis del infierno,
rompido habéis las prisiones,
Envidia, Discordia y Celos;
pero entre tales casados
sacaréis poco provecho.

Pastor

Yo haré que pueda mi envidia
turbar la paz de su reino.

Aurora

Y yo haré con mi discordia
su amor aborrecimiento.

Siralbo

Y mis celos, ¿dormirán?
no sabe el mundo mi fuego,
si no soy de los casados,
de su Troya son incendio.

Celia

No alcanzaréis a esta Elena,
pues con mi paz la defiendo,
que yo, con estos listones,
pondré en prisión vuestros cuellos,
y así, atados con sus lazos,
haré que este casamiento,
aunque os pese por los ojos,
dure en su paz y sosiego.

(Con tres listones de color los enlace, y baile así con ellos.)

Músicos

«Quien sujeta con su cordura
la Discordia, la Envidia y los Celos,
gozará por largos años
su dichoso casamiento.»

Rey

No pensé que labradores
sabían cosas morales.

Perol

Hay acá muchos zagales
que tratan cosas mayores.

Rey

¿Quién esta danza compuso?
que le quiero yo premiar.

Perol

Vive fuera del lugar
por no vivir con el uso.
Es hombre que por no ver
un hablador asentado;
en el hacer licenciado
y en el decir bachiller,
vive dos leguas de aquí,
y solo viene a comprar
mordazas para callar,

que diz que le cumple así.

Rey   Pues, ¿no sabremos su nombre?

Perol   Ya el nombre se le perdió.

Rey   Llamalde, que quiero yo
conocer y hablar ese hombre.

Perol   No querrá venir, señor,
que más quiere, por callar,
andar fuera del lugar
que dentro por hablador.

Roselo   Los caballos han llegado.

Rey   Llevadme esta fiesta allá.

Perol   Zagales, el rey se va.

Celia   ¿Qué os dio?

Perol   Esperanza me ha dado,
y diz que a la corte vamos,
con la danza del aldea
porque la reina la vea.

Celia   Pardiez, que erremos no hagamos.

Perol   Porque no han de danzar otros
y danzas menos discretas.

Celia   Hay allá muchos poetas
y se reirán de nosotros.

Aurora	Mira que tu ingenio ofendes.
Perol	Antes no quiero creer que haya quien pueda temer gozques, poetas y duendes.
Celia	Causas me animan secretas.
Aurora	Yo lo tengo por muy llano.
Perol	Más temo yo un cortesano que setecientos poetas.

(Vanse todos, y salgan Otón y Pinabelo.)

Otón	A mí no me parece tan seguro, por ser fuerte remedio, Pinabelo.
Pinabelo	Los que han de ser para tan graves males, ¿cómo podrán curarlos sin ser fuertes? Duélete de la sangre que engendraste, porque si goza el rey a la duquesa, no tienes hijo que amanezca vivo.
Otón	Yo quiero hacer tu gusto.
Pinabelo	Y yo procuro remedio a nuestra vida el más seguro.
Otón	Cuéntame, pues, el modo de esta muerte.
Pinabelo	Yo lo tengo trazado de esta suerte. Fabricaré en la plaza de palacio

un arco insigne que en madera y lienzo
imita la pintura al bronce y mármol,
engañando la vista desde lejos.
Levántanse en cuadrados pedestales
seis columnas hermosas, de a cincuenta
pies desde el zoco de la basa a lo alto
de la cornisa, atando el arquitrabe,
triso y triglifo el orden, que se arrima
a los extremos de las dos paredes
por donde se entra en la famosa plaza.
Encima de los claros de los arcos,
en unos vanos forma de ventanas,
se ven varios retratos de los duques
que gobernaron la dichosa Cleves.
Tras el orden que digo se levanta
otro con no menor gracia y belleza
adonde se relievan seis pilastras
con sus ventanas a nivel, que tienen
los reyes felicísimos de Frisia,
todos con sus laureles y epigramas.
En medio está la singular Elena,
de quien el alma de tu hijo es Troya,
y a su lado iay de mí!, como su esposo,
el rey Albano con doradas armas,
y entre los pies, por bélicos despojos,
cabezas turcas y pendones varios
de lisonjeros más que de contrarios.
Aquí Leonido tiene tres mil hombres
que, cubiertos de plumas y de galas,
han de hacer salva al rey al tiempo que entre
los arcabuces juntos disparando,
en que el remedio de mi vida estriba,
para que muera entonces y yo viva.

Otón	Pues ¿cómo piensas tan seguramente quitar la vida a Albano?
Pinabelo	Si en la salva, entre el humo confuso de la pólvora, vuela una bala que le apunta al pecho, ¿quién podrá conocer al que lo ha hecho?
Otón	Bien dices; no será la vez primera que se hayan muerto ilustres capitanes que la Fortuna perdono en la guerra y en la paz de la salva hallo la envidia lugar para rendir su gloria al suelo.
Pinabelo	En esto vengo yo determinado
Otón	Advierte que te pongas donde seas visto de todos.
Pinabelo	Éstas son las cajas con que Leonido sale a recibirle.
Otón	¿Y de quién te has fiado?
Pinabelo	De un criado que entre ellos viene en forma de soldado.

(Salen con cajas y banderas, soldados con arcabuces y Leonido, capitán, detrás.)

Leonido	Vayan, señores soldados, con aqueste advertimiento prevenidos y enseñados.

Soldado	A solo un recibimiento nos hacen venir cargados.
Otro	Lleve el diablo la bandera y quien seguirla quisiera.
Soldado	Propia guerra de mujer.
Otro	Si casarse lo ha de ser, no poca batalla espera.
Soldado	Arcabuces ha querido.
Otro	Téngolo por mal agüero para el señor su marido.
Soldado	Si es ruido lo primero, no le faltará ruido.
Pinabelo	Escucha, Fabio.
Fabio	Aquí estoy con el cuidado que sabes.
Leonido	Marchen con buen orden hoy, lindos cuerpos, pasos graves.
Soldado	Sed llevo.
Otro	Muriendo voy.
Soldado	Yo llevo aquí de lo fino con un güeso de tocino.

Otro	Esos portafrascos haz,
	que los frascos de la paz
	han de ser frascos de vino.

(Vanse marchando con las cajas, y quede allí Fabio con Pinabelo y Otón.)

Fabio	Córrome de que me avises,
	habiéndome el cielo hecho
	con más astucias que a Ulises.
	Yo haré blanco de su pecho
	entre las doradas lises.
	La bala echaré secreta
	a este rayo, que la meta
	por el alma que le mandes.
	Será cometa, que grandes
	nunca mueren sin cometa.
Pinabelo	Ten cuenta, Fabio, que estés
	donde ninguno te vea;
	que al arcabuz plomo des;
	la bala esconde, no sea
	nuestra desdicha después.
Fabio	Al echarla, es cosa clara,
	que no han de ver lo que tomo;
	del arcabuz no fiara
	si, cuando le echara el plomo,
	la boca no le tapara,
	y aunque después ha de hablar,
	no será voz que se entienda.
Pinabelo	Advierte que has de apuntar
	de suerte que a nadie ofenda.

Fabio	Déjame, señor, marchar,
	y está seguro de mí.
Pinabelo	¡Oh padre, si la duquesa
	queda del rey libre ansí!
Otón	Segura llevas la empresa.
Pinabelo	¡Mueran mis celos aquí!
	Ni sea mía ni ajena.
Otón	Bien puedes por él decir
	que esta salva le condena.
Pinabelo	De amores quiero morir
	y no de celos de Elena.

(Suenen atabales y música. Salen Leonido, Alberto, Aurelio, Enrico, Roselo y todos los que puedan acompañar, y detrás el rey de Frisia y la duquesa Elena, muy gallardos.)

Rey	Estoy muy agradecido
	a la fiesta y alegría
	que Cleves muestra en el día
	que a tanta dicha he venido,
	porque en los recibimientos
	suelen mostrarse las almas.
Elena	Cortos laureles y palmas
	a tantos merecimientos.
	Con el arco de Trajano
	os quisiera recibir.
Rey	Su laurel puede rendir

la palma de vuestra mano;
   y si aquésta recibí,
aunque no la he merecido,
el arco es de amor, que ha sido
por donde entré cuando os vi.
   No quiero yo más despojos
que darle envidiosas quejas,
ni más arcos que las cejas
de vuestros hermosos ojos.
   Eran los arcos triunfales,
señora, para premiar
los que por tierra o por mar
vencían empresas tales.
   Y así mayor le he tenido
que le puedo merecer,
pues no vengo de vencer
si vengo de vos vencido.

(Descúbrase la cortina y véase una portada y encima los retratos del Rey y de la duquesa Elena.)

   ¡Oh, hermosa arquitectura!
Pero a tal extremo viene
si el último cuerpo tiene
de vuestra rara hermosura.
   Este arco no es del suelo;
no a reyes, al Sol reciba,
que, con el ángel de arriba,
puede ser arco del cielo.
   Pasaban, siendo vencidos,
por un yugo los romanos
sus contrarios, si a las manos
los entregaban rendidos.
   Yo, rendido a la victoria

vuestra, pasaré dichoso
por un yugo tan hermoso,
que da a los vencidos gloria,
    y aprobara mi verdad
vuestro mismo pensamiento,
pues yugo de casamiento
sujeta la voluntad.

Elena
    Cuanto más mostráis rendido
ese pecho generoso,
tanto entráis más victorioso
y de más laurel ceñido.
    Entrad el arco, que ya
os dice aquella inscripción
que tomáis la posesión
de quien hasta el alma os da.

Rey
    ¿Qué gente es ésta?

Elena
                            Alemanes
que se rinden a esos pies.

Rey
    ¿Y estas voces?

Elena
                        Salva es
que os hacen los capitanes.

(Disparen dentro algunos arcabuces a un tiempo y alborótese el Rey.)

Rey
    ¡Traición hay en vuestra casa!

Elena
    ¿Traición?

Rey
        O celos de vos.

Bala es ésta ¡vive Dios!
que por el rostro me pasa.

Otón   ¿Bala aquí? Ni aun lo presumas.

Elena   Bisoños arcabuceros.

Rey   ¿Cómo que no, caballeros,
si me ha cortado las plumas?

Aurora   Bien dice su alteza, y digo
que en su retrato paró.

Pinabelo   Si bala alguno tiró,
Descuido fue, no enemigo.

Roselo   Descuido o no, desde aquí
se ve bien la batería.

Elena   Descuido, señor, sería.

Rey   Digo que lo creo ansí;
    pero con descuidos tales
no se burlen los traidores,
que permite el cielo errores
para castigos iguales.
    Yo he venido en confianza
de vuestra virtud, Duquesa.

Elena   Que de mi tengáis, me pesa,
Albano, desconfianza.
    Si yo mataros quisiera,
¿para qué con este engaño?

Otón	Algún bisoño o extraño,
	mezclado en alguna hilera,
	al retrato tiraría
	y por las plumas pasó
	la bala con que pensó
	hacer una bizarría.
	No hay, señor, de qué temáis;
	no os llaman para mataros,
	sino solo para daros
	la posesión que gozáis,
	y por muchos años sea.
	¡Viva el rey!
Todos	¡Mil años viva!
Elena	No hay hombre que no reciba
	contento, su alteza crea.
Rey	Llevar tal ángel al lado
	de la bala me guardó.
Elena	Y si el que está arriba no,
	fue porque estaba pintado.
Rey	Yo pienso que envidias son.
Elena	Y yo, que no os matarán,
	que vais donde no podrán.
Rey	¿Adónde?
Elena	En mi corazón.
Rey	A vuestra defensa apelo

de este engaño y de esta ofensa,
porque con esa defensa
diré que me guarda el cielo.

(Vanse todos, y queden Otón y Pinabelo.)

Otón   Erró el tiro.

Pinabelo   Erró mi dicha,
que mis dichas nunca aciertan,
porque siempre se conciertan
mi esperanza y mi desdicha.
   Y no menos dicha alcanza,
ni a mejor fortuna viene,
quien tan concertadas tiene
la desdicha y la esperanza.
   Entra, acompaña los reyes,
no te echen menos, señor.

Otón   Son las del paterno amor
fuertes, aunque injustas, leyes.
   Él a tu gusto me guía,
mejor dijera me fuerza;
mas cuanto tu amor me esfuerza,
mi suerte me desconfía.
   Ten paciencia que de Elena
goce Menelao agora,
aunque el alma que la adora
viva en tan celosa pena,
   que serás Paris troyano
o me costará la vida.

(Vase Otón.)

Pinabelo	¡Ay, esperanza perdida!
	¿Qué seguís al viento en vano
	si queda en la posesión
	de mi bien Albano agora
	y ella dice que le adora?
	¿Qué os esforzáis, corazón?
	¡Desmayad y no esperéis,
	que no hay cosa de más daño
	que sustentar un engaño
	como el que vos pretendéis!
	Los que están de engaños llenos
	viven más atormentados,
	porque los desengañados
	son los que padecen menos.

(Sale Fabio, soldado.)

| Fabio | Luego que pude salir |
| | del escuadrón vine a verte. |

| Pinabelo | Errando hallaste mi muerte. |
| | Nunca yo acierto a vivir. |

Fabio	Pues, ¿puédesme tú culpar
	si las plumas le pasé?
	Que su movimiento fue
	el que le pudo guardar.

| Pinabelo | ¿Cómo en el retrato has dado? |
| | Si no fue desdicha mía. |

| Fabio | Porque de un tiro quería |
| | matar lo vivo y pintado. |

Pinabelo	Como mi esperanza es pluma
	que anda, Fabio, por el viento,
	y porque mi pensamiento
	volar más bajo presuma,
	cortaste pluma y no vida,
	y así mi esperanza queda
	sin alas, porque no pueda
	subir más del viento asida.
	No es codicia de reinar,
	como mi padre ha pensado,
	sino amor desatinado,
	el que me puede obligar.
	Casado el rey con Elena,
	hizo fin mi pretensión.
Fabio	Que no faltará ocasión,
	y por ventura más buena.
	Ten ánimo, que es bajeza
	el rendirse a la Fortuna.
Pinabelo	Si hubiere ocasión alguna,
	de tu valor y nobleza
	y de tu lealtad, ¡oh, Fabio!
	haré justa confianza.
Fabio	Pues no pierdas la esperanza
	de satisfacer tu agravio.
Pinabelo	¿Cómo la puedo tener
	en mi pena tan extraña,
	si en mujeres siempre engaña
	y es la esperanza mujer?

(Vanse todos y entren el Rey, Alberto, Rosela, Leonido y Otón, caballeros, y la reina Elena.)

Elena	Justo es que vos hagáis, pues ya son vuestros vasallos, mercedes de lo que es vuestro.
Rey	Todos son vuestros criados los que yo traigo conmigo, y así vos podéis honrarlos con el premio que merecen, por lo que saben amaros..
Elena	Solo yo puedo, señor, daros mi pecho y mi estado. Dueño os hago de mi pecho y de Cleves dueño os hago.
Rey	Yo os hago reina de Frisia, aunque esto no es obligaros, si dejáis por mí otros reinos y otros estados más altos.
Elena	Tenga Aurelio, pues le amáis, si yo a pedíroslo valgo, oficio de camarero, y Enrico, de secretario.
Rey	Sea, de esa suerte, Alberto, pues vos mostráis estimarlo, mi mayordomo mayor.
Elena	Roselo, como soldado, tendrá la guarda a su cuenta.

Rey	Y Leonido en mi palacio,
	la tenencia y alcaidía.

Elena	Dios os guarde muchos años.

Otón	No pienso yo que sirvieron
	a tus padres mis pasados,
	Reina de Frisia, tan mal,
	cuando en la paz gobernaron.
	Y en las guerras que tuvieron
	con propios y con extraños,
	esta sangre que me dieron
	tantas veces derramaron,
	ni tengo tan poca tuya
	que merezca olvido tanto,
	ni verme en tanto desprecio
	que me dejes olvidado
	donde has honrado otros hombres,
	que algunos de ellos se honraron
	de servir... Pero no quiero,
	si los honras, deshonrarlos.
	Basta decir que este día
	mis canas que te han criado,
	y que tu padre mandó
	que las respetases tanto,
	baña el agua de los ojos
	que miran tantos agravios.
	Que si yo, por ser viejo,
	ni a paces ni a guerras valgo,
	hijo tengo que conoces
	que sabe regir un campo
	y hablar sabe en un consejo
	de soldados o letrados.

Rey	¿Quién es este caballero?
Elena	Otón, señor, de mis claros padres, como pienso, deudo, y de los buenos vasallos que esta corona ha tenido.
Rey	Otón, yo no soy culpado en la queja que tenéis; que no os conozco es muy llano, con que disculpado quedo.
Otón	Aunque yo hubiera tirado la bala del arcabuz que ha pasado tu retrato, como alguno que está aquí, no me hubiera despreciado la reina con más cautela.
Alberto	Habla, Otón, con más recato, que ningún hombre hay aquí que trate al rey con engaño si no tiene sangre tuya.
Otón	¿Yo al rey?
Rey	Caballeros, paso, que éste es día de ganar las voluntades a entrambos, y no de hacer, con agüeros, casamientos desdichados. Dense las manos.

Alberto	Señor, yo soy su amigo.
Otón	Los pasos que he dado por tu servicio no merecen este pago.
Rey	Almirante de la mar hago a Otón.
Otón	Tú me has honrado cuando quien llamarme puede padre me ha olvidado tanto.
Rey	Vamos, señora.
Elena	Yo voy triste de ver que os han dado los de mi casa este enojo.
Rey	Hoy hacéis el tiempo claro, como cuando sale el Sol de resplandor coronado después de la tempestad.
Elena	De vuestra luz son los rayos.
Otón	No importa que agora os deis en amor y paz las manos; presto veréis lo que puede la discordia en los casados.

(Vanse con su orden.)

Fin de la primera jornada

Jornada segunda

(Salen Pinabelo y Fabio.)

Pinabelo
       Luego que el rey se casó,
Fabio, me ausenté de aquí.

Fabio
Bien habrá tres años.

Pinabelo
               Sí.

Fabio
¿Y vienes mudado?

Pinabelo
          No,
  que así quiero a la duquesa
como la quise al partir,
conservando hasta morir
aquella imposible impresa.
  Traigo la misma afición,
porque no vencen los años
lo que con los desengaños
no ha podido la razón.
  En mi destierro he vivido,
porque en aquella cuestión
de Alberto, mi padre Otón
fue de mi amor defendido.
  Así se va conservando
del mundo el curso y creciendo;
los humillados subiendo,
los levantados bajando.
  ¿Qué nuevas hay por acá?

Fabio
Que a Frisia el rey este día
a su mayorazgo envía.

Pinabelo	¿Por qué?
Fabio	Pídensele allá, que como la bella Elena jamás le ha dejado ir, no puede el reino sufrir su ausencia sin mucha pena, y así, para su consuelo, al príncipe les ha enviado.
Pinabelo	¿Es hermoso?
Fabio	No ha criado más bello Narciso el cielo.
Pinabelo	Todo aumenta mi dolor.

(Sale Otón.)

Fabio	Tu padre.
Otón	¿Cómo has entrado antes de haberte avisado?
Pinabelo	Sin avisos parte Amor.
Otón	Pudiera venirnos daño del haberte conocido.
Pinabelo	Nadie me ha visto.
Otón	Hoy ha sido el primero de mi engaño,

y por eso te avisé,
porque esta noche sospecho
que ha de tener fin mi pecho
a lo que ayer comencé.

Pinabelo   ¿Cómo, señor?

Otón   No he podido,
por discordias que he sembrado,
vencer este amor casado
que está a dos almas asido;
   pero agora que intenté
decir que a su amor traidora
es la duquesa, que adora,
más puerta a su enojo hallé.

Pinabelo   Pues, ¿a qué efeto?

Otón   En razón
de que llevándole a ver
la traición de su mujer,
aunque fingida traición,
   saldrás tú con tus criados
diciendo que la defiendes
porque su inocencia entiendes.
Y los nobles, convocados
   a voz de que el rey la mata
por casarse en Francio luego,
verás que se enciende un fuego
que hasta incendio se dilata.
   Porque el pueblo, defendiendo
a su natural señora,
que, como sabes, la adora,
le ha de ir buscando y siguiendo

con las armas en las manos.

Pinabelo   Discordia se ha de sembrar
que venga a resucitar
los griegos y los troyanos,
   porque Elena, aborreciendo
por el testimonio al rey,
romperá de amor la ley
vida y honra defendiendo,
   y el rey, por verse ofendido,
tanto la ha de aborrecer,
que no se vuelvan a ver.

Otón   Advierte que prevenido
   con gente a mi aviso estés.

Pinabelo   El rey viene. Adiós te queda.

Otón   Como esto bien nos suceda,
tuya la duquesa es.

(Vase Pinabelo.)

Otón   Fabio, silencio.

Fabio   Ya sabes
que sé callar como hacer.

Otón   Cierra el alma.

Fabio   Desde ayer
le di al peligro las llaves.

(Salen el Rey y Aurelio.)

Rey	Como si hubiera mil años que el príncipe se partió, vivo, Aurelio, y muero yo haciendo a su ausencia engaños.
Aurelio	No me espanta, que él merece ese cuidado en que estás.
Rey	No puedo quererle más, y el ausencia el amor crece. Quien tiene amor que en rigor no puede aumentarse ya, ausente el bien y verá cómo se aumenta el amor.
Aurelio	Yo te he visto aquestos días con extraño sentimiento. ¿Era de este pensamiento, o por ventura tenías alguna oculta tristeza?
Rey	¡Ay, Aurelio! ¡Qué rigor del mundo dar del honor las llaves a la flaqueza!
Aurelio	No lo entiendo.
Rey	En la mujer, que es la flaqueza mayor, ¿no está del hombre el honor? Pues, qué mayor puede ser?
Aurelio	Eso, ¿qué te toca a ti?

Rey
No digo que me ha tocado,
mas que un hombre me ha contado
que puede tocarme a mí.

Aurelio
¿Hombre fue tan atrevido
ni de burlas ni de veras?

Rey
Si su autoridad supieras,
casi lo hubieras creído.

Aurelio
Sin sentido me has dejado.
Mas ¿puede su autoridad
ser más que la calidad
de la que tienes al lado?

Rey
Conozco que Elena es buena;
pero el testigo es con canas.

Aurelio
Bien puede haber dos Susanas
y solo una falsa Elena.
Porque canas no son ya
del mundo en tanto tenidas
que merezcan ser creídos.

Rey
¿Canas no?

Aurelio
Muy claro está;
pues ya los más de los hombres
las disimulan y cubren.

Rey
La edad a la vista encubren,
no la verdad ni los nombres,
y a quien las muestra tan bien,

darla crédito es razón.

Aurelio   Aquí, señor, está Otón.

Rey   Pues ése lo sabe bien.
   Vete, Aurelio, que sin duda
en esto me viene a hablar.

Aurelio   No te acierto a aconsejar,
que hasta el alma tengo muda.

Rey   Bien puedes llegar, Otón.

Otón   Deseo tengo de hablarte,
porque ya he visto la parte
y el dueño de la traición.

Rey   Otón, en duda que mentirme puedes,
y que puedes decir verdad, en duda,
a Frisia envío al príncipe con lágrimas
de la duquesa, que su ausencia siento,
temiendo que no es fuerza, sino engaños,
llevar a Frisia a un niño de tres años.
No te he creído, porque no era justo,
ni tampoco he dejado de creerte,
ya por tu autoridad, ya por tus canas.
¿Qué es lo que agora dices, que me tienes
sin alma, con más penas y cuidados,
que el que colgada de un cabello tuvo
la espada del tirano de Sicilia?

Otón   ¿Has dado cuenta a Aurelio de este caso?

Rey   No te quiero engañar. Ya sabe Aurelio

que tú me has dicho mal de la duquesa.

Otón   Y ¿qué te ha dicho?

Rey   Que mentir podrás.
             Yo te aboné, si la verdad te digo,
             con esas canas.

Otón   ¿Qué te dio en
             respuesta?

Rey   Que las tenían otros que a Susana
             levantaron el falso testimonio.

Otón   Si fuera el persuadirte con historias;
             más efectiva persuasión bien creo
             que hallara algunas en la historia sacra.
             Mas dime solamente: ¿Eres más noble,
             más capitán, más sabio que fue César?
             Pues mira si a Pompeya, mujer suya,
             repudió por adúltera con Clodio.
             ¿Zoé no era emperatriz? Pues mira
             lo que por Michael hizo hasta darle
             la muerte a su marido Argiropilo.

Rey   No digo que yo la flaqueza humana
             no se atreva a laureles y azadones,
             sino que muchas veces hemos visto
             la envidia enloquecerse a testimonios.
             Tal vez a un hombre noble, por que es rico,
             que es mal nacido esclavo le levantan;
             tal vez detiene un hábito una envidia;
             tal vez llama ignorante al hombre docto
             y tal a la mujer, que es casta y santa,

que es lasciva y adúltera levanta.

Otón

Si yo te enseño el hombre, y con tus ojos
le ves, señor, en sus indignos brazos,
¿creerás que son envidias o verdades?

Rey

¡Qué fuertemente, Otón, me persuades!
¿Tú el adúltero?

Otón

Sí.

Rey

¿Cuándo?

Otón

Esta noche.

Rey

¿Esta noche?

Otón

¡Pues no!

Rey

Vete y avísame.

Otón

Pues yo vendré a llamarte.

Rey

Corto plazo;
pero ¿cuándo fue largo en las desdichas?

Otón

Si no fuere verdad lo que te digo,
córtame la cabeza.

Rey

¿Es, por ventura,
quien me mataba con aquella bala?

Otón

Como eso has de saber, si a verle llegas,
y confesar, aunque de amor te ciegas.

(Vase Otón.)

Rey   Las máquinas que tienen más grandeza
con ímpetu mayor vienen al suelo;
en el más superior y último cielo
vino el planeta de mayor tristeza
    Los edificios de mayor alteza
hiere más presto el rayo y cubre el hielo
el ave más cobarde es de más vuelo;
su misma carga oprime a la flaqueza.
    Elena, reina en Grecia, fue centella
del incendio troyano que deshonra.
¿Cuántos laureles abrasó por ella?
    ¿Que pueda mi valor perder la honra?
Mas si pudo caber traición en ella,
en mí pudo también caber deshonra.

(Sale Elena.)

Elena   A las fuentes del jardín
vengo, Albano, a convidaros,
que allá tengo que contaros.

Rey (Aparte.)   (Presto contarás tu fin.)

Elena   Entre las flores que viste
flora este esmaltado mes,
aunque para tristes es
el agua música triste.
    En sus márgenes lustrosas
sentados, habéis de oír
lo que os ha de divertir
de estas penas amorosas,

56

que bien sé que el hijo mío
con su ausencia os trata mal.

Rey (Aparte.)   (¡Que quepa en belleza igual
tan infame desvarío!)

Elena   ¿Qué decís?

Rey   Que es tarde ya,
y que tengo que escribir.
Licencia os quiero pedir,
que Aurelio esperando está,
que va por la posta a ver
cómo va el príncipe.

Elena   Es justo.

Rey   Perdonad si en ese gusto
parte no puedo tener,
que no faltará ocasión
en que, a la fuente sentados,
oigáis mayores cuidados
de mi honor y obligación.

(Vase el Rey.)

Elena   No sé qué tiene Albano, que estos días
mira mis ojos con suspiros tales,
que, de oculto dolor dando señales,
tienen por blanco las entrañas mías.
El alma, que congojan fantasías
por no dar a la lengua los mortales
avisos tristes de secretos males,
despacha indicos por diversas vías.

Unos llegan cansados y otros mudos;
todos dicen la pena y no la causa;
dan fuego al alma y a la lengua nudos.

    Y, entre las ansias que la muerte causa,
mejor es que los filos sean agudos,
que el dolor del morir está en la pausa.

(Salen Pinabelo con Fabio y dos criados y hablan aparte.)

Pinabelo	Aquí os habéis de esconder, a lo que digo advertidos.
Fabio	Ya venimos prevenidos de los que habemos de hacer.
Elena	¡Ay, cielo! ¿Qué gente es ésta?
Pinabelo	¿De un hombre invocas al cielo?
Elena	Pues, ¿quién eres?
Pinabelo	Pinabelo.
Elena	En más cuidado estoy puesta. ¿Tú en la corte?
Pinabelo	Elena, sí, que el peligro de tu vida no hay destierro que no impida.
Elena	¿De mi vida? ¿Cómo ansí?
Pinabelo	El rey te quiere matar; yo te vengo a defender.

Elena	¿Por qué?
Pinabelo	Porque otra mujer se lo debe de mandar, que, como tiene heredero, aspira a reinos mayores.
Elena	¿Son de tus locos amores estas industrias?

Pinabelo	No quiero
	    venir a pruebas contigo,
	sino solo defenderte;
	que aunque me piden tu muerte
	mi venganza y tu castigo,
	    debo a quien soy lo que hago,
	que a ti no.

Elena	¡Miedo me pones!
Pinabelo	Con obras, no con razones, mis lealtades satisfago. Para matarte mejor, tu hijo envía de aquí.
Elena	¿Qué tiene el rey contra mí?
Pinabelo	Un pensamiento traidor: que a voz de adúltera quiere matarte.
Elena	¡Tú desvarías!

Pinabelo	Descúidate, que podrías ver si cuidado requiere.
Elena	¿Yo, adúltera?
Pinabelo	Quiere dar con esa fama color a tu muerte.

(Salen Otón y el Rey.)

Otón	Ya, señor, no tengo más que mostrar.
Rey	Pues, ¿quién es éste?
Otón	No sé; sé que tiene gente armada.
Rey	Luego, ¿sacaré la espada?
Otón	¿Pues, no, señor?
Rey	Verdad fue.
Pinabelo	¡El rey te viene a matar! ¡Huye!
Elena	¿Qué es esto, señor?
Rey	¡Villana Elena! ¡Ah mi honor!
Pinabelo	¿Ves si te vengo a engañar? ¡Nobles de Cleves aquí,

que matan vuestra señora!

(Salen Alberto y Leonido.)

Alberto	¿A la duquesa?

Rey   Yo soy;
que me ha quitado la honra.

Elena   ¿Yo, vasallos? Miente Albano,
que estoy inocente agora
como primero que viere
la luz del mundo.

Leonido   ¿Y no sobra
ser tú quien todos sabemos,
tan noble y tan virtuosa?

Pinabelo   ¡Muera Albano, caballeros,
que, por casarse con otra,
dice que la casta Elena
es fementida y traidora!

(Salen Aurelio y Enrico.)

Aurelio   ¿Qué es esto, nobles de Cleves?
¿Quién os mueve y alborota
para que saquéis las armas
contra la real persona?

Alberto   ¡Quiere matar la duquesa!

Rey   Yo tengo causa.

Enrico	Reporta, señor, la furia y la espada.
Elena	¿Yo te he ofendido?
Otón	No pongas, señor, la mano en la reina.
Rey	¿Tú me aconsejas agora?
Pinabelo	¡Viva la duquesa, y muera Albano!
Aurelio	Ya el pueblo toma las armas. ¡Huye, señor, que defienden su señora!
Rey	¡Yo me vengaré de ti!
Elena	No es príncipe el que deshonra una mujer inocente tan desamparada y sola.

(Vase el Rey defendiéndose, y todos tras él. Salen Perol y Celia.)

Perol	No huyas de mi rudeza, que, aunque pobre labrador, a un alma llena de amor le sobra inmortal riqueza. No tiene el monte que miras, Celia, mi igual en quererte.
Celia	¡Que me sigas de esta suerte!

Perol	¿De que te siga te admiras?
	Si con ser más bello el Sol
	la sombra le va siguiendo.
Celia	De que me sigas me ofendo.
	No quiero sombra, Perol.
Perol	Pues Dios te ha dado hermosura
	de Sol, sombra has de tener,
	y si alguna la ha de ser,
	¿qué más triste y oscura?
	Déjame, Celia, seguir
	los rayos de tu belleza,
	mira que es mucha aspereza
	dejar un hombre morir.
	¿Tú no ves que son piadosas
	las mujeres cortesanas?
Celia	Pues, hermano, las villanas
	somos tercas y enfadosas.
Perol	Tan piadosas son allá,
	que lo que no dan al gusto
	tienen por caso muy justo
	el darlo a la vista ya.
	Saben que un pobre, un indino,
	no ha de comer de aquel plato;
	pero danle de barato
	lo que coge de camino.
	Hacen del traje invenciones
	para el más vil ganapán,
	que a quien el ave no dan
	le dan las patas y alones.

Celia	¿Cómo?
Perol	La manga al jubón

                    La manga al jubón
acortan ya de manera,
que no hay mano de ternera
que muestre más zancarrón.
   De suerte que no hay picaño
que el medio brazo no vea.

Celia   No es traje honesto.

Perol   No sea;
ellas lo ahorran del paño.
   Descubren en los pescuezos,
las gordas, asentaderas;
las flacas, dos pesebreras
con dobleces y arrapiezos.
   Si hay lodos, fingen limpieza,
y el chapín, no digo el pie,
como en la tienda se ve,
bajos son, pero es bajeza.
   Luego dan, si a tu memoria
vuelves todas mis razones,
pescuezos, patas y alones,
que es toda la pepitoria.

Celia   ¿Y eso es piedad?

Perol   Ya lo ves;
el que pasa por la calle,
feo, pobre y de mal talle,
lo goza sin interés.

Celia   No lo creo.

Perol	De mil modos
	las damas allá deleitan,
	porque se lavan y afeitan
	y se visten para todos.
	Dios me libre del rigor
	de una mujer aldeana,
	que pide a un torrezno grana
	y al vino afeite y color.
	Mira, Celia, que condenas
	el uso que has de imitar.
Celia	Ejemplos se han de tomar
	solo de las cosas buenas.
	De muchas que hay en la corte
	santas y honestas, es justo,
	imitar vestido y gusto
	y que a su traza se corte;
	y pues las más son las buenas,
	yo quiero imitar las más.
Perol	En lo cierto, Celia, estás.
Celia	Pues, ¿para qué me condenas?

(Sale Aurora.)

Aurora	Ve, Perol, que Dios te guarde,
	ayuda a dos caballeros
	que al pie de vuestra cabaña,
	entre esos verdes enebros,
	se apean de dos caballos
	ya, más que cansados, muertos,
	pues la sangre de los lados

tiñe las hierbas del suelo.

Perol   Ellos me impiden el paso,
porque sin duda son éstos.

(Salen el Rey y Aurelio en cuerpo con botas y espuelas.)

Rey   Sin entrar en el aldea
dos caballos procuremos.

Aurelio   Aquí, señor, hay pastores.

Rey   ¿La gente sois de este pueblo?

Perol   Somos a vueso servicio
y aun todos vasallos vuestros;
que ya os conocen, señor,
estas montañas y puertos,
que honrastes cuando a casaros,
galán, pasastes por ellos.

(Hablan en Rey y Aurelio aparte.)

Rey   ¿Qué haré, que me han conocido?
¿Negaré quien soy, Aurelio?

Aurelio   No, señor; que éstos no saben
que vas de la reina huyendo.

Rey   No la llames reina ya,
sino Elena, incendio y fuego
de mi vida y de mi alma,
de mi honra y de mi reino.

| Celia | ¡Ah, señor! ¿No se le acuerda
de la danza? |
|---|---|
| Rey | Bien me acuerdo.
¿No era el alma de la danza
mudanzas del casamiento? |
| Celia | Sí, señor. Yo era la Paz. |
| Perol | Yo también era los Celos,
discordia de los casados. |
| Aurora | Yo la Envidia. |
| Rey | Triste agüero!
Parece, Aurelio, que entonces
hablaban en mi suceso. |
| Perol | ¡Pardiez! Ruin gente le sirve. |
| Rey | ¿Cómo así? |
| Perol | Fuimos siguiendo
a su merced a la corte
seis bien vestidos mancebos
y cuatro bellas zagalas,
un tamboril, un salterio
y éstas que escudos parecen
y suenan como instrumentos,
y unos que unos picos traen
asidos en unos fresnos.
No nos dejaron entrar. |
| Rey | ¿No hablasteis con los porteros? |

Perol	¿Qué porteros ni qué puertas?
	Allí estaban otros ciento,
	de ellos sanos, de ellos cojos,
	de ellos mozos, de ellos viejos;
	pero no podían hablaros.
	Donde vi cuánto más presto
	negocia un hombre con Dios
	que con los hombres del suelo.
Rey	¿Tenéis acá, por ventura,
	dos caballos? Pagarélos
	a fe del rey.
Perol	¿Dos caballos?
	Dos hay, mas no son muy buenos.
Rey	¿Son fuertes?
Perol	Bien fuertes son,
	aunque no son muy ligeros.
Rey	Ven a dármelos.
Perol	Seguidme,
	que esto y más a quien sois debo.
Rey	Ven, Aurelio.
Aurelio	Dicha ha sido.
Celia	¿Qué tiene el rey?
Aurora	No lo entiendo.

Celia	¿Si se han perdido en el monte?

(Váyanse el Rey y Aurelio, y Perol con ellos.)

Aurora	No vi cazador ni perro,
	y para venir a caza
	está la corte muy lejos.
	¿Qué has pasado con Perol?

Celia	Persígueme con ejemplos
	de las damas cortesanas,
	que, porque traen descubiertos
	los cuellos y las muñecas,
	traje ni galán ni honesto,
	dice que son más piadosas
	porque, en fin, gozan de verlo
	hasta los hombres más viles.

Aurora	Perol es robusto y necio;
	porque más le enamorara,
	si acaso fuera discreto,
	que la lengua y el vestido,
	los honestos pensamientos.

(Sale Perol.)

Perol	¿Hay dicha como la mía?

Celia	¿Qué te han dado?

Perol	Extraño cuento.
	Este famoso diamante
	y esta bolsa de dinero,

y yo les di dos rocines
que el uno ha sido camello
y el otro sabe danzar
el canario y saltarelo.

Celia   ¿No llevan espuelas?

Perol   Sí;
pero hay rocines de aquéstos
que, como un truhán agravios,
sienten la espuela y el freno.

(Salen Alberto y Leonido.)

Alberto   Grande ventaja nos llevan.

Leonido   En el instante salieron.

Alberto   Allí he visto unos pastores.

Leonido   Preguntémosles por ellos.

Perol (Aparte.)   (Sin duda buscan al rey.)
¡Ah, señores caballeros!
Aquí el rey, con un criado,
dejó dos caballos muertos,
y yo les di dos rocines
y este dinero me dieron.
Bien le podrán alcanzar.

Alberto   ¿Hay tan extraño suceso?
¡Maldito seas, villano,
que si no le das tan presto
en que pudiese partir,

70

no escapa de muerto o preso!

Celia   ¿Preso o muerto?

Perol   Pues, ¿por qué?

Leonido   Es un traidor, que va huyendo
                         porque ha querido matar,
                         con mentiras, con enredos,
                         a vuestra honesta señora.

Aurora   ¡Malos años!

Perol   Si el suceso
                         supiera entonces le paso
                         con una aguijada el pecho.

Alberto   Vamos, Leonido, tras él.

Perol   No habrán llegado a lo espeso
                         del monte.

Leonido   Será imposible.

Alberto   No hay imposible al deseo.

Aurora   ¿Qué os parece?

Celia   Estoy turbada.

Perol   ¡Que le di mi rocín tuerto!

Celia   ¿No dices que era pesado?

Perol

Mal talle, yo lo confieso;
pero en volar treinta millas
no diera ventaja al viento.

Celia

¡Matar la duquesa quiso!
¿No se adoraban, y el cielo
un hijo les había dado?

Aurora

¡Quién sabe si algunos celos
en ese amor y esa paz
discordia y guerra pusieron!

Perol

Yo me voy al campanario
a ver los que van tras ellos,
que hasta el monte se descubre.

Celia

Vamos, Aurora, que creo
que alguna causa le han dado.

Aurora

Bastan celos.

Celia

      Sobra el miedo.

(Salen Elena y Pinabelo.)

Pinabelo

    Levanta los divinos ojos bellos
y deja la tristeza que los cubre,
pues no te ofenden, no te vengues de ellos.

Elena

    Quien las tristezas del honor encubre
más efectos de mármol que de humano
en acciones tan ásperas descubre.

Pinabelo

    ¿En qué se diferencia del villano

el generoso pecho? En que resiste
de la Fortuna al proceder tirano.
    Y tú, divina Elena, que perdiste
un bárbaro que al fin te daba muerte...

Elena

No todos saben consolar a un triste.
    En tratando a mi esposo de esa suerte,
mi pecho a tu defensa desobligo.

Pinabelo

Que es tu enemigo y no tu esposo advierte.

Elena

    Conozco que fue bárbaro conmigo;
yo lo quiero decir, mas no escucharlo
del más privado o del mayor amigo.
    Fue mi primero amor, y debo amarlo
por marido y por dueño eternamente,
y aunque me diera muerte perdonarlo.

Pinabelo

    Bastaba ser mujer, que tiernamente
adoran quien las tiene aborrecidas,
monstruo que obliga el mal y el bien no siente.
    A mí, duquesa, que te di dos vidas,
la que el rey te quitaba y que defiendo
y ésta que vivo y sin razón olvidas.
    Estás con pecho ingrato aborreciendo
y adoras en un hombre que te mata.

Elena

Esto me manda Amor.

Pinabelo

            ¡Qué furia emprendo!
¿De qué fiero volcán naciste ¡ingrata!
que vomitando fuego a las estrellas
escupe nubes a su eterna plata?
    Las tigres fieras son, que no son bellas

como tienes el cuerpo hermoso humano
o como el alma te influyeron ellas.
    Pues primero del lazo soberano
desatada la máquina del cielo
se hará pedazos en el aire vano;
    las flores nacerán dentro del hielo,
y la nieve dará sangre a la rosa,
y al tierno lirio azul dorado pelo,
    y dejarás de ser ingrata hermosa,
que es mayor imposible que te olvide
el alma a quien te muestras rigurosa.

Elena   Detente, Pinabel, refrena y mide
con mi decoro tus palabras locas
como tu estado y mi grandeza pide,
    que si en las cosas del honor me tocas,
aún tengo en Cleves yo quien me defienda;
porque primero las excelsas rocas
    que bate el mar por su salada senda
irán en forma de ligeras naves
sin que su peso descansar pretenda,
    y los dos elementos, que son graves,
oprimirán el aire al fuego activo,
trocando peces con ligeras aves,
    que olvide al rey ni de mi pecho altivo
se alabe la bajeza de un vasallo.

Pinabelo (Aparte.)   (¡Que aquesto escucho y permanezco vivo!)

(Sale Otón.)

Otón   Si lo mandaste tú, puedes mandallo,
señora, y me parece justa cosa,
y así no he pretendido castigallo.

Alterada la turba populosa
de todos los más públicos lugares
con armas libres y venganza honrosa
   del rey las armas, tanto que en altares
no ha valido el respeto religioso:
perdón merece y que en su amor repares.
   Corre el vulgar estrépito furioso
Diciendo: «¡Viva la duquesa Elena!»
y «¡Muera Albano, bárbaro ambicioso!».
   Tanto, que si por dicha te condena
alguno de cruel o sospechoso,
el más cercano el cuello le cercena.
   Paréceme, señora, justa cosa
que los retratos que en palacio tienes
mandes dar a la llama licenciosa,
   para que vean que en su intento vienes
y que sientes de honor y de venganza.

| Elena | ¡Con qué viles consuelos me entretienes! |

   Déjame, Otón, vivir sin esperanza
de ver al rey, y deja que me engañe
siquiera en tanto mal su semejanza.
   No le agradezco al pueblo que acompañe
vuestro consejo en el furor presente
y de que adoro al rey se desengañe.

| Otón | Ya no es tiempo, señora: el rey, ausente; |

tú, sin honra; yo, vivo; los estados,
quejosos, y con armas tanta gente
   de finezas de amor ni de cuidados.
Hombre es el rey, y en Cleves nacen hombres.

| Elena | ¡Sí, nacerán para guardar ganados! |

Otón	No, son hombres también y gentilhombres.
Elena	¡Yo adoro al rey, villanos! ¿Qué es aquesto?
Otón	Bien merecemos esos viles nombres.
Pinabelo	Déjala, padre; que ella verá presto sin consejo y sin armas, si es decoro guardar con un traidor término honesto.
Elena	¿No puedo yo decir que al rey adoro?
Otón	No, si la honra y vida te ha quitado.
Elena	Mientras más le culpáis más me enamoro. ¡Perros! ¡Vosotros me la habéis quitado!
Pinabelo	Loca la tiene el amor.

(Salen Alberto y Leonido.)

Leonido	Basta, señora; que se escapó de nuestro brazo airado. En la raya de Frisia queda agora el rey con grueso ejército.
Alberto	Y jurando, no menos que llamándote traidora, entrar por tus estados abrasando las ciudades, los campos y la gente, y agora quedará furioso entrando.
Otón	Fuera mejor un capitán valiente y un consejero viejo que afrentados

dónde hallarás quien defenderte intente.
  Abrasa el rey de Frisia tus estados
y a mi hijo y a mí nos llamas viles,
de quien temblara en la campaña armados.
  ¿No fuera Néstor yo y él fuera Aquiles?

Elena

¿Luego faltó valor a las mujeres
en letras y armas fuertes y sutiles?
  ¿Amenazarme con las tuyas quieres?
Pues hoy saldré con un bastón rigiendo
la guerra de quien tú bisoño eres.
  Tú verás el caballo en ira ardiendo,
sujeto a las espuelas y a las varas,
la mano femenil obedeciendo.
  Tú verás cómo corre y cómo para,
formando diestramente las hileras
una mujer. ¿Mujer? Solo en la cara.
  Tú verás dónde pone las banderas
y ordena los infantes y caballos
y que saben ser fuertes y ser fieras
  adonde son traidores los vasallos.

(Vase Elena.)

Otón

¿Qué os parece de aquesto?

Leonido

                    Que la sigo,
por no ver con sus quejas infamallos.

(Vase.)

Alberto

Yo sé que soy leal, lo mismo digo.

(Vase.)

Pinabelo   Ya todos éstos hablan con sospecha.

Otón   Nunca te fíes del fingido amigo.

Pinabelo   ¿Qué hemos de hacer?

Otón   Al campo va derecha;
                    seguirla, su rigor disimulando;
                    que en últimas fortunas aprovecha.
                       A la mira estaremos, esperando
                    quién vence de los dos.

Pinabelo   ¡Terrible suerte!
                    querer morir sin esperanza amando
                    y no vivir por esperar la muerte.

(Vanse todos y salen el Rey, con caja, bandera y soldados, y Alberto, Enrico, y Roselo.)

Rey   Vaya Enrico con la gente
                    y hagan alto en ese llano.

Enrico   Iré a servirte obediente.

Rey   ¡Oh, si estuviera en mi mano
                    hacer de Jerjes la puente!

Aurelio   ¿Quién duda que atravesaras
                    el mar, cuanto más a Cleves?

Rey   Si en mis enojos reparas,
                    todas son venganzas breves.

Aurelio	Las del honor son muy caras.
	¿Es posible, gran señor,
	que trataba la duquesa
	de hacer ofensa a tu honor?
Rey	De hablar en esto me pesa,
	que aún no está muerto el amor.
	¿No has visto golpe de llano
	que solo quita el sentido
	y que el filo quedó en vano?
	Pues tal en mi amor ha sido
	el golpe de aquella mano;
	que, aunque dando en el honor,
	no hay filo más delicado.
	Fue el gusto tal defensor,
	que parece que le han dado
	golpe de llano al amor.
	Que como yo le acomodo
	tan varias disculpas ya,
	el amor del propio modo
	como desmayado está;
	mas no está muerto del todo.
Aurelio	Pésame que estés ansí,
	si dices que con tus ojos
	viste un hombre.
Rey	Un hombre vi;
	mas vile con los antojos
	de los celos que creí.
	Suceden muchos errores
	de llevar estos desvelos,
	que ofenden tantos honores,
	que siempre antojos de celos

hacen las cosas mayores.
    Yo te juro que fui loco
en no detenerme un poco
y consultar la prudencia.
¡Qué presto di la sentencia
y qué tarde la revoco!

Aurelio   Ya te dije que pensaras
primero lo que era justo.

Rey   Aurelio, ¿en eso reparas?
Tú vieras lo que un disgusto
puede en el amor, si amaras.
    Mayormente que el honor
pocas firmezas ofrece,
porque es un vidrio traidor
que con quebrarse agradece
querer limpiarle mejor.

Aurelio   Límpiele poco quien ama.

Rey   No es buena satisfacción,
que si vidrio, en fin, se llama,
que esté muy limpio es razón,
porque bebe en él la fama.

Aurelio   No me puedo persuadir
que tengas amor a quien
otro amor pudo admitir.

Rey   Ni yo puedo querer bien
a quien voy a perseguir.
    Lo que digo es que sospecho
que puedo ser engañado

de algún envidioso pecho,
porque no está averiguado
el agravio que me han hecho.
    Y que por donde el honor
no muestra ofensa en rigor,
el amor se suele entrar,
porque por poco lugar
entra cuando quiere amor.
    Mas está cierto que en tanto
que con esta duda estoy,
seré una fiera, un espanto
del mundo.

Aurelio   Dudoso voy
de quien se enternece tanto.

Rey   No hayas miedo, Aurelio, amigo,
que no hay mayor enemigo
que aquél que teniendo amor
da por ofensas de honor
a su mismo amor castigo.
    Abrasaré las ciudades
de esta fiera, ingrata hembra,
porque no hay enemistades
como cuando el odio siembra
discordia en dos voluntades.
    Sígueme y verá a Atila,
a Mercurio, a Mitridates,
a Clodomiro, a Totila,
a Egelberto y a Amurates,
a Maximino y a Sila.
    Mal conoces el furor
que amor ofendido alcanza;
quédese atrás el honor,

porque no hay mayor venganza
que por ofensas de amor.

(Vanse y salen por otra parte Leonido, Alberto, Pinabelo, Otón, soldados y
Elena en hábito corto, con espada y daga y bastón y sombrero con una pluma
grande revuelta.)

Elena

Ya creo que has visto, Otón,
de qué suerte en la campaña
me dio la mano el arzón
y que a mujer acompaña
tal vez viril corazón.
    Con estas botas y espuelas
viste las ijadas rotas
de algún frisón, ¿qué recelas?

Otón

Ya con espuelas y botas
vi que por el viento vuelas.

Elena

    ¿Viste de qué forma en cuadro
aquel escuadrón se ordena,
cómo le compongo y cuadro,
y que al que se desordena
de un bote el pecho taladro?
    ¿Viste aquella guarnición
con que se defiende agora
de cualquier oposición?

Otón

Ya vi que sabes, señora,
formar un fuerte escuadrón.

Elena

    Pues yo soy, si no lo entiende
de tu amor la poca ley,
que tanto mi amor ofende,

la misma que adora al rey
y la que su honor defiende.
   Yo puedo al rey adorar
y le puedo detener
que venga a hacerme pesar;
porque una cosa es amar
y otra cosa defender;
   y aunque no hubieras venido
con tu hijo, hay capitán
que ha de ser obedecido.

Pinabelo   Y tan gallardo y galán
              que es adorado y temido.

Otón   Provócante los enojos,
              que a veces son necesarios.

Pinabelo   Y ganarás mil despojos,
              pues rendirás los contrarios
              con solo volver los ojos.

Elena   No haya ternuras aquí;
              el que no fuere soldado
              no me ha de servir a mí.

Pinabelo   Todos hemos profesado
              serlo y servirte.

Otón   Es ansí.

Elena   Llevad, Alberto, esa gente.
              Quede aquí solo Leonido.

Alberto   Vamos, soldados.

Pinabelo	Que intente mi esperanza un bien perdido, bien parece que no siente.

(Vanse todos; quédanse Elena y Leonido.)

Elena	¿Leonido?
Leonido	¿Señora mía?
Elena	¿Está cerca el rey?
Leonido	Tan cerca, que no hay jornada de un día, y si es verdad que se acerca, mucho mejor ser podría.
Elena	Muero por el rey, Leonido, y voy, ¡ay, Dios! contra el rey; que en el honor me ha ofendido, que defendiendo su ley es al honor permitido. Traigo ciertos pensamientos que creo que han de romper en grandes atrevimientos.
Leonido	¿Qué intentas?
Elena	Quisiera ver al dueño de mis tormentos.
Leonido	¿Cómo?

Elena	Con algún disfraz y de la noche ayudada.
Leonido	¡Bravo amor!
Elena	Es pertinaz. La guerra me ciñe espada y el alma me pide paz.
Leonido	¿Sería de tu consuelo ver al rey?
Elena	Sábelo el cielo.
Leonido	Pues yo buscaré invención.
Elena	Si es dentro del escuadrón nuestro peligro recelo.
Leonido	Pierde, señora, el temor.
Elena	Las esperanzas perdidas acobardan mi valor; que yo perderé mil vidas por ver al rey mi señor.
Leonido	Deja que un poco anochezca, que yo haré con engañarle, que al paso se nos ofrezca.
Elena	No hay cosa que por hablarle peligrosa me parezca.

(Vanse. Entre Perol, de soldadillo, con Celia.)

Celia	A fe, Perol, que muy presto tú vuelvas arrepentido.
Perol	Quien tan desdichado ha sido justo fue que pare en esto. De puro desesperado, Celia, a la guerra me voy.
Celia	Dirás que la culpa soy.
Perol	Por ti voy a ser soldado.
Celia	¿Por mí? Testimonio es. Así Dios me dé ventura.
Perol	No, que desdenes del cura me llevan como me ves.
Celia	¡Ay, Perol; si tú supieses lo que es ir a pelear y el ver luego granizar las balas en los arneses. Si vieses, cuando la vida escapes de tantos daños, traer entre rotos paños una esperanza perdida, a pretender a la corte y con seis rotos papeles andarte por los canceles sin hallar cosa que importe, sufriendo de la comida del cortesano el olor de los platos el rumor

y de la fresca bebida,
   y tú de hambre muriendo
pagándote el viento allí
y cuando repare en ti,
acaso el coche saliendo,
   decirte que bien está
estando tan mal tu panza,
que el viento de la esperanza
se te viene y se te va.
   Deja para nobles eso,
que están bien emparentados,
que nunca en pobres soldados
halló pies el buen suceso.
   ¿Estaráte bien o mal,
después de muchos balazos,
dar a la guerra los brazos
y los pies al hospital?
   Vuelve en ti, que vas perdido.

Perol   La duquesa va en persona
               y a los soldados pregona
               linda paga y buen partido.
                  O me voy o has de quererme.

Celia   Dado que venciere Elena,
               ¿qué has de hacer?

Perol   Huir tu pena
               y a tu rigor esconderme.

Celia   ¿No has de volver a la corte?

Perol   Es verdad.

Celia	Pues, ¿qué te engríe,
	si no has de hallar quien te guíe
	más que una carta sin porte?
	Hallarás mil sabandijas
	que te chupen el humor,
	porque no sube el favor
	en faltando las clavijas.
	Hallarás en la ciudad
	unos grandes habladores
	preciados de historiadores
	y de no decir verdad,
	y estos libros de secretos
	y sabios y extravagantes
	favoreciendo ignorantes
	para derribar discretos.
	Hallarás...
Perol	No digás más,
	ya sé que la bobería
	ha de ser desdicha mía
	de hoy para siempre jamás.
	Pero quererme o dejarme.
Celia	Vete con Dios.

(Salen Aurelio y el Rey.)

Aurelio	Aquí hay gente.
Rey	Aquí más seguramente
	pienso esta noche alojarme.
Celia	Huye, Perol.

Rey   ¡Ay de mí!,
                que son soldados frisones.
                No ha un hora que los calzones
                y la cuera me vestí;
                    señores, a serlo voy,
                y aunque la guerra procuro
                no soy soldado maduro,
                que en verdad en cierne estoy.
                    Esta espada me prestaron,
                la pluma a un gallo quité,
                que porque le desrabé
                mil gallinas me picaron;
                    suplico a sus pertenecias
                me dejen ir.

Rey   No des voces.

Aurelio   Huésped, ¿al rey no conoces?

Perol   Ya conozco sus presencias,
                    y de eso tengo temor.

Rey   ¿Qué hay de la duquesa Elena?

Perol   Que en esos valles ordena
                gente contra vos, señor.

Rey   ¿Es mucha?

Perol   No me han dejado
                viña, ciruela ni pera;
                en mi pueblo una bandera
                para hacer gente han colgado;
                    y yo, que no sé latín,

quise echar por los porrazos.
pero, dejando embarazos:
¿cómo os fue con el rocín?

Rey   Caminó famosamente.

Perol   Era hablador de los pies.

Rey   Luego murió.

Perol   Justo es,
por bestia y por diligente.

Aurelio   ¿Qué piensas hacer aquí?

Rey   Ir con esta información
de la reina al escuadrón.

Aurelio   ¿Cuándo y cómo?

Rey   Escucha.

Aurelio   Di.

(Salen Elena y Leonido.)

Leonido   No pases de estas cabañas
primero que estos villanos
te informen si el rey se acerca
y dónde aloja su campo.

Elena   La oscuridad de la noche,
Leonido, ocasión me ha dado.
Amor, mi temor esfuerza,

que él me lleva y yo le traigo.

Aurelio   Gente viene aquí, señor.

Rey   ¿Labradores o soldados?

Aurelio   Soldados pienso que son.

Rey   ¿Qué gente?

Elena   Gente de paso.

Rey   ¿Soldados?

Elena   Si se ofreciere.
Y ellos, ¿qué son?

Rey   Otro tanto.

Elena   ¿De qué parte?

Rey   De quien tiene
justicia en aqueste caso.

Elena   ¿Luego son de la duquesa?

Rey   De que eso digáis me espanto,
que la duquesa es traidora.

Elena   ¡Miente cualquiera villano
treinta veces que eso diga!

Rey   ¡Plugiera al cielo, soldado!;
porque yo sé de mi rey

que su riqueza y palacio
y todo su reino os diera
porque le hubieran burlado;
pero violo con sus ojos,
no puede haber desengaño.

Elena   ¿Qué vio el bárbaro cruel,
que porque tiene tratado
casarse en Francia o Bohemia
a tanta lealtad ingrato
trató de darle la muerte?

Rey   Buena disculpa buscaron.

Elena   ¿Para qué viene, si tiene
justicia, con tanto daño
de la inocente duquesa
abrasando sus estados?
Póngale en Roma este pleito,
y, si pudiere probarlo
con libelo de repudio,
castigue su pecho falso,
o nombre algún caballero
que salga en campaña armado;
que ella saldrá con él
para defender su agravio;
que pues que tiene valor
para conducir un campo,
le tendrá para salir
cuerpo a cuerpo.

Rey   Paso, hidalgo.

Perol   Paso, señores, por Dios;

que está en medio un hombre honrado
aunque pobre labrador.

Rey   Guárdate afuera, villano.

Perol   Villano y cristiano viejo
hasta los perniles rancio;
testigos en esta aldea,
el olmo y el campanario.

Rey   Ahora, hidalgo, vos decís
que nombre el rey un vasallo
y que vos haréis que Elena
salga en desafío al campo.
Con mujer no ha de querer
ninguno salvo un criado
de los que a su lado tiene;
que el rey, sin pleito y letrados,
holgará del desafío.

Elena   ¿Quién sois, que podrá tanto?

Rey   ¿Y vos quién sois?

Elena   Deudo soy
de la duquesa.

Rey   Yo hermano
del almirante del rey,
y parto luego a tratarlo.

Elena   Yo lo mismo.

Rey   Pues, adiós.

Perol

> Y yo, toquen esas manos,
> aunque ninguno conozco,
> salgo por fiador de entrambos.

(Hablan aparte el Rey y Aurelio.)

Rey

> Ésta, Aurelio, es la duquesa,
> y en grande peligro estamos,
> que alguna celada tiene
> entre esos álamos altos.

(Hablan aparte Elena y Leonido.)

Elena

> Leonido, aquéste es el rey,
> bien le habemos engañado;
> gran gente tiene escondida,
> por este arroyo nos vamos.

Rey

> Ven, Aurelio, por aquí.

Aurelio

> Lindamente la burlamos.

Leonido

> ¿Qué dicha habemos tenido!

Perol

> Celia, toma allá los hatos,
> que hasta los montes revuelve
> la discordia en los casados.

> Fin de la segunda jornada

Jornada tercera

(Salen Aurelio, Enrico y Rosaberto, hijo del rey de Frisia.)

Enrico   Que le has de imitar es cierto,
                 por la grandeza heredada.

Aurelio   Hoy quiere ceñirte espada
                 tu padre el rey, Rosaberto;
                   de cuyas obligaciones
                 no hay que advertir tu valor,
                 que tú lo sabrás mejor,
                 pues a tal lado la pones.

Enrico   Ya te dejo ejercitado
                 en la teórica de ella,
                 lo demás sabrás con ella,
                 en prática de soldado.
                   Grande esperanza nos das
                 de la virtud de tu pecho.

Rosaberto   No pretendo al que me ha hecho
                 degenerarle jamás;
                   conozco la obligación
                 en que a mis padres nací
                 y al reino que ya de mí
                 tiene tal satisfacción.
                   Yo cumpliré su esperanza,
                 si mi vida guarda Dios,
                 y sabré que de los dos
                 debo tener confianza,
                   pues os tengo por maestros
                 en las armas y en las letras.

Aurelio	Si con tu ingenio penetras
	más que los hombres más diestros,
	con la experiencia y los años
	justa esperanza se tiene
	de tu valor.

Enrico	El rey viene.

(Sale el Rey, acompañado, Roselo y otros, y en una fuente espada y daga.)

Rey	Hoy temblarán los extraños
	y nacerá nuevo amor
	en los propios, Rosaberto,
	quedando el reino tan cierto
	de tu esperado valor.
	Vengo a ceñirte la espada,
	que ha de ser terror de Europa
	cuando la Fortuna en popa,
	ya en la mar con gruesa armada,
	ya con ejército fuerte
	en la campaña levantes
	por los reinos circunstantes
	las esperanzas de verte.
	Dame esa espada.

Rosaberto	Señor,
	bien seguro te imagino
	de mi valor si el divino
	tuyo me influye valor;
	que quien le hereda de ti
	bien dice con su esperanza,
	si el mayor del mundo alcanza,
	que como Fénix nací.

Rey	Ponte, Rosaberto, al lado
	la ofensa de tu enemigo,
	la defensa de tu amigo,
	vida, honor, reino y estado.
	    Dé el cielo a tus verdes años
	la dicha de Escipión,
	que tanta varia nación
	tembló por reinos extraños.
	    Apenas doraba el bozo
	sus labios, cuando el senado
	le hizo procónsul, fundado
	en que tan prudente mozo
	    sería con más edad
	lo que después de sus glorias
	escriben tantas historias
	con tanta felicidad.

Rosaberto	Ya, señor, que me has honrado
	con lo que ceñida tengo,
	pues que de tu mano vengo
	a tenerla puesta al lado,
	    tu licencia me has de dar
	para que me parta a Cleves,
	pues hay jornadas tan breves,
	que quiero a mi madre hablar.
	    Sabes que en mi vida vi
	su rostro, y que no ha faltado
	quien me ha dicho que ha llorado
	muchas lágrimas por mí:
	    que dicen que injustamente
	la desprecias y la dejas.

Rey	Quien te trujo tales quejas miente, o presente o ausente;

y pues que te han advertido
con injusto atrevimiento,
está, Rosaberto, atento;
sabrás si estoy ofendido
con la duquesa de Cleves,
Elena, y tan nueva Elena,
que ha sido fuego de Frisia,
como la de Troya y Grecia.
Me casé con tan extraños
agüeros, que entre las fiestas
una bala me voló
las plumas de la cabeza;
y dando a un retrato mío,
que en el arco de una puerta
remataba el edificio
y miraba a la Duquesa,
pasó el lienzo por la gola,
burlando la envidia ciega
toro que piensa que es hombre
cuando en la capa se venga.
Viví los primeros años
contento y en paz con ella,
que, fuera de su hermosura,
es por extremo discreta,
mirando los dos en ti
aquella concordia eterna
de la paz de los casados
que los hijos manifiestan.
Mas la mudable inconstancia
de las cosas de la tierra
trocó en discordia esta paz
y toda esta gloria en pena.
Avisáronme iay de mí!
que Elena tenía secreta

conversación con un hombre
en mi deshonra y afrenta.
Fuilo a ver, y entrando acaso,
él mismo a voces comienza
a decir que yo venía
a matar a la Duquesa.
Con esto, no solo el vulgo,
pero también la nobleza
de Cleves tomó las armas,
y me siguieron con ellas.
Tuve dicha en que ya estabas
en Frisia, y el alma llena
de amor, y el honor de infamia
puse a la venganza espuelas.
Entré abrasando su estado
con grueso ejército, y ella
me salió al paso, ocupando
del Rin las verdes riberas.
Vímonos en cierta noche,
y entre los dos se concierta
que, por excusar la sangre,
si se rompiese la guerra,
por mí saliese un soldado
y otro saliese por ella,
y que si venciese el mío
quedase mi afrenta cierta
y pudiese repudiarla.
Yo tuve tanta soberbia,
que salí secretamente
armado a la honrosa empresa,
sin fiarla de ninguno,
y aunque presumí que fuera
el primero en la estacada,
ya estaba un soldado en ella

armado de blancas armas,
en cuya celada apenas
daban lugar a la vista
las plumas blancas y negras.
Las cubiertas del caballo
negras sobre blanca tela,
sembradas de letras de oro
entre unas dagas y lenguas.
Las letras decían «Mentís»,
como que de su inocencia
daba la cubierta indicio,
pero era maldad cubierta.
Dimos vuelta a la estacada
y, nuestras mesuras hechas,
de la caja al ristre pasan
las lanzas, que al punto vuelan
descalabrando los aires
y dando los dos en tierra,
huyeron nuestros caballos
y la batalla comienza
a pie con blancas espadas.
Pero ni la mía, diestra,
ni mi robusta pujanza,
real pecho, heroicas fuerzas,
resistieron mi fortuna,
antes vine a dar, sin ellas,
a los pies de mi contrario,
en cuyo tiempo nos cercan
los nobles de los dos campos,
y cuando al de Cleves llegan
y le descubren la cara,
ven que es la misma duquesa.
Dan voces todos y dicen
que ha vencido la inocencia

y que yo estaba culpado.
¡Qué deshonra y qué vergüenza!
Fue tan grande la que tuve
de ver que una dama tierna,
que una mujer, que a las armas
no obliga naturaleza,
me venciese y derribase,
que, dando a Frisia la vuelta,
mandé, pena de la vida,
que nadie me hablase en ella.

Rosaberto   Ni yo, señor, seré tan atrevido
que os hable en la Duquesa eternamente,
y pésame que de ella fui nacido.
Que estuviese culpada o inocente...

Enrico   Rosabelo de Cleves ha venido.

(Sale Rosabelo.)

Rosaberto   A Cleves fui, mi señor, secretamente,
como mandaste.

Rey   Y ¿qué hay allí de nuevo?

Rosaberto   No me mandes hablar, que callar debo.

Rey   Habla, Roselo, yo te doy licencia.
¿Puede haber más afrenta?

Rosaberto   Sabe el cielo
que ni curiosidad ni diligencia
debes en esto a mi lealtad y celo.
La vulgar opinión, sin diferencia,

dice que la duquesa y Pinabelo,
hijo de Otón, enamorados viven,
y añaden que sus bodas aperciben.
　　Bien puede ser que testimonio sea
y que tus enemigos echen fama
que en esto su valor Elena emplea.

Rey　　　　No digas más. ¡Oh, Elena! ¡Oh, incendio! ¡Oh, llama!

Aurelio　　Señor, tu alteza no es razón que crea
la envidia vil que su virtud difama.

Rey　　　　¡Oh, Aurelio, calla! Que mujer que ha errado
nunca el primero error solo ha dejado.
　　Pregona en Frisia luego que cualquiera
que la cabeza suya me trujere
le daré seis ciudades.

Aurelio　　　　　　　　　Considera...

Rey　　　　¡Necio! ¿Qué quieres ya que considere?
¿Con tanto deshonor casarse espera?
¿Hay tal bajeza? A Pinabelo quiere.
¿No hay yerro? ¿No hay veneno? ¿Esto consiento?
Ya no merece honor ni sufrimiento.
　　Esto que digo les daré firmado
a propios y a extranjeros este día.
Elija seis ciudades en mi estado
quien restaurare la deshonor mía.

Enrico　　　Aurelio, al poderoso y enojado
no pienses que es valor ni cortesía
replicarle, que nunca el que es discreto
tiempla la ira en el primer efeto.

102

(Vanse todos y salen la Duquesa y Pinabelo.)

Pinabelo   Tiempla, señora, el desdén.

Elena   ¿Qué es desdén, villano, infame?
             Desdén es bien que se llame
             en los que se quieren bien.
                 Dime que tiemple la ira,
             el enojo y el pesar.

Pinabelo   ¡Qué vicio en mujer es dar
             crédito a cualquier mentira!

Elena   Yo sé que es mucha verdad
             que por Cleves echas fama
             que soy, villano, tu dama,
             y con poca honestidad.
                 Esto a efeto de que viendo
             que ya se empaña mi honor,
             solicite tu favor
             la voluntad que defiendo.

Pinabelo   Señora, de esta opinión
             hablará el pueblo, que gusta,
             como de cosa tan justa,
             que me tengas afición.

Elena   ¿Cómo justa?

Pinabelo   Pues, ¿no fuera
             que conmigo te casaras?
             sangre soy. ¿Qué reparas?

Elena	Si sangre tuya tuviera, 　con una daga, villano, despedazara mis venas, de solo veneno llenas de los agravios de Albano. 　¿Cosa justa dices que es casarme, vivo mi esposo, aun siendo tan rencoroso?
Pinabelo	Perdona y dame esos pies, 　que me ciega el mucho amor.
Elena	Sal de Cleves desterrado y no vuelvas a mi estado, pena de infame y traidor.
Pinabelo	¡Señora!...
Elena	No hay que pedir.

(Sale Otón.)

Otón	¿Qué es esto?
Pinabelo	Si de tu tierra esa crueldad me destierra, ¿para qué quiero vivir?
Otón	Pinabelo, ¿qué ocasión para desterrarte has dado?
Pinabelo	Haber su bien procurado con sangre del corazón. 　Quéjase que el vulgo dice

que me quiere.

Otón   Y justo es.
Échate luego a sus pies
y lo que has dicho desdice.
 Pide perdón, que es razón,
aun de la fama vulgar,
que hay mil ofensas sin dar
el que las hace ocasión.

Pinabelo   Señora, a vuestra grandeza
pide perdón mi ignorancia.

Otón   Tú estás muy poca distancia
de cortarte la cabeza,
 y ojalá que me lo mande
su alteza a mí, que esta espada,
a su defensa enseñada,
no sufre ofensa tan grande.
 Señora, dadle perdón
por ignorante y por loco.

Elena   La furia que me provoco
vencen tus canas, Otón;
 por ellas le debo dar.

(Aparte.)   (Quiero, de tantos errores,
perdonar estos traidores,
que es mejor disimular.
 Bien conozco los enredos
y las lisonjas de Otón,
que no faltará ocasión
en cesando tantos miedos.)

Otón   Nuestra sangre te ha servido

desde su origen de suerte,
que te obliga a condolerte
de un loco amor atrevido,
  con palabra que jamás
te hablaré en él Pinabelo.

Elena   Vuestros años guarde el cielo,
padre, a quien estimo en más,
  que ya la ofensa olvidé.

(Sale Alberto.)

Alberto   ¿Puédese aquesto sufrir?

Elena   ¿Qué hay, Alberto?

Alberto   Si decir
se sufre, yo lo diré.

Elena   Licencia tenéis.

Alberto   Albano
pregona públicamente
que a cualquier hombre que intente
poner atrevida mano
  en tu vida, que Dios guarde,
seis ciudades le dará.

Elena   Pues, ¿eso pena te da?

Alberto   Tu vida me hace cobarde.

Elena   No creas que muera ansí
vida con corona de oro.

Alberto	La ambición pierde el decoro al cetro, y haralo en ti.

Elena	Los reyes que no acobardan
	a un traidor tan atrevido
	mucho han de haber ofendido
	los ángeles que los guardan.
	   ¿Tanto puede perseguirme
	un hombre que quiero tanto?
	Del odio del rey me espanto
	contra una mujer tan firme.
	   ¿Querrá ponerme temor,
	como es grande Rosaberto,
	para venir a concierto?
	mas ya sabe mi valor.
	   Los enemigos quisiera
	de mi casa desterrar,
	que yo me sabré guardar
	de los que vienen de fuera.

(Vase.)	

Otón	Alberto, de esta arrogancia
	no nos resulta provecho,
	que aunque del dicho hasta el hecho
	suele haber tanta distancia,
	   tenemos en mil historias
	griegas, troyanas, romanas,
	mil ambiciones tiranas,
	que hoy viven por sus memorias.
	   Fuera de que esto ha tocado
	las honras de la nobleza
	de Cleves.

107

Alberto	Si su cabeza
	ha puesto en este cuidado,
	téngale el rey de la suya
	y pregónese otro tanto,
	para que le cause espanto
	y nuestro valor arguya.
Pinabelo	A quien las cabezas diere
	de padre y hijo podréis
	dar seis ciudades, pues seis
	dar promete al que trajere
	la de Elena, que aborrece.
Alberto	Así se hará pregonar.
Otón	Con este nuevo pesar
	gallarda ocasión lo ofrece
	el tiempo a tu pretensión.
Pinabelo	¡Ay, padre; que no es mujer!
Otón	Esta discordia ha de ser
	de tu ventura ocasión.
Pinabelo	Elena era mi abismo;
	ya como Troya me quema,
	que como quiere por tema,
	aborrece por lo mismo.

(Salen Siralbo y Celia, villanos, y los músicos. Canten.)

Músicos	«Estad muy alegre,
	dichosa y bella novia

en tanto que coméis
los picos de la rosca.
Huya toda tristeza
de vuestro rostro agora,
que aún agora no es tiempo
para que estéis celosa.
Poneos vuestras galas,
que hacéis mis envidiosas,
en tanto que coméis
los picos de la rosca.»

Celia   Cuando Perol, Siralbo,
de esta montaña sola
a la Corte se iba
por verme tuya toda,
me dijo con sus celos
sacudiendo la cola,
aunque se despejaba
como rocín con mosca:
«Ríe, Celia, que aún comes
las roscas de la boda.»
Y esto que agora escucho
parece que conforma
con aquellas palabras
venganzas amorosas.
¿Qué tiene el casamiento,
que a tantos alborota?
¿Qué mares se navegan
de nunca vistas olas?
¿Qué volcanes se pasan
que piedra azufre arrojan?
¿Qué desiertas Arabias?
¿Qué Libias arenosas?
¿A qué plaza se sale?

¿A qué toro se corta
con ancha espada el cuello?
¿Qué difuntos se topan
en las encrucijadas
de las calles angostas?
¿No es el casarse estar,
Siralbo, dos personas
comiendo en una mesa
y cenando a sus horas?
¿No es el estar de noche
cubiertos con la ropa
en una misma cama
de un cobertor y colcha?
Pues, bien, ¿qué os acobarda?

Siralbo   Hay, Celia, muchas cosas;
mas ninguna contigo,
que esto se entiende en otras.
Yo sé de cierta tierra
que cuando se desposa
un hombre clamorean
y por muerto le lloran;
que puesto que el peligro
no es más, ¡oh, Celia hermosa!,
que dos matrimoniarse,
algunos se endemonian.
Santa vida hacen muchos
a quien la dicha sobra,
que gracia en los casados
allá resulta en gloria.
Pero verás algunos
que no hay turca mazmorra
que más cautiva tengan
la libertad que gozan,

y más si toca en celos
con su puntilla en honra,
ningún forzado rema
que tenga más congojas.

Celia   No se dirá, Siralbo,
por dos que así se adoran,
aunque ajenas cabezas
hacen temblar las propias.
Cuando en nuestra duquesa
contemplo la discordia
que con su esposo tiene
la color se me roba.
¿No veis lo que se dice?
¿No veis lo que pregonan
a quien la diere muerte?

Siralbo   Alguna furia loca
ha entrado en estos reinos.

Celia   ¡Qué tantos años rompa
la paz de estos casados!

Siralbo   La Fortuna piadosa
nos libre de esta envidia.

Músicos   ¿Cantaremos agora?

Celia   Cantad, si os agradare.
¡Qué en tal temor me ponga
el día de mis dichas!

Músicos   Pues escucha y perdona.

(Canten.)   «Estad muy alegre,
                     dichosa y bella novia,
                     en tanto que coméis
                     los picos de la rosca.»

(Entren Clenardo y Panfilo, caballeros, de camino, y Perol, de lacayo.)

Perol   Parar podéis en esta hermosa aldea,
                     siquiera porque yo nací en su monte.

Panfilo   No hay otra que mayor ni mejor sea
                     en todo aqueste fértil horizonte.

Perol   Entrad en esa casa que hermosea
                     tanto verde laurel.

Clenardo   Pánfilo, ponte
                     a descansar un poco, que conviene
                     que duerma poco quien cuidados tiene.

Panfilo   Apenas estará de las distancias
                     o puntos en que nace y muere el día
                     la noche en medio, llena de arrogancias,
                     cubriendo el Sol con su tiniebla fría,
                     cuando de aquestas rústicas estancias
                     salga, pues llevo para el monte guía,
                     a ejecutar, Clenardo, mi deseo.

Clenardo   Camina, pues.

Perol   ¡Ay, Dios! Mi muerte veo.
                     ¿Ésta es aquella fiera hermosa y bella
                     por quien desde pastor a cortesano
                     me pasaron sus bodas? Iré a vella.

Siralbo	¿Quién es el que desciende al verde llano?
Celia	Perol no es éste?
Siralbo	Sí.
Perol	Mi buena estrella hoy a mi diligencia dio la mano para que en este monte, prado y selva, de la Corte, en que estoy, a veros vuelva.
Celia	¿Adónde vas tan perdido, después que de tu ganado te alejaste a ser soldado, con ese loco vestido? ¿Quién son esos cortesanos con quien por el monte vas?
Perol	Tal voy, que no pienso más volver a tratar villanos. En la corte vivo bien, Celia, pues que te has casado con Siralbo, que es honrado y lo merece tan bien. Verdad es, y Dios lo sabe que no me agrada el servir; pero tengo de sufrir cuanto en sufrimiento cabe. Demás que voy con dos amos, Celia, en aquesta ocasión, ya los viste, aquéllos son, que entre aquellos verdes ramos bajaron a vuestra aldea,

113

que me han de hacer duque o conde.

Celia   De ese peligro te esconde,
guarda que tu muerte sea.
    De títulos agua arriba
no tengas, Perol, cuidado,
que es caballo desbocado,
que a quien levanta derriba.
    Mira que lo vas agora.

Perol   Oye aparte.

Celia   ¿Qué me quieres?

Perol   ¡Demonios sois las mujeres!
¡No sé qué espíritu mora
    dentro de vuestro caletre!
¿Quién te ha dicho que mis amos
y yo a matar al rey vamos!

Celia   ¿No quieres que lo penetre
    de verte en aquese traje,
lacayo injerto en rufián?
Pero dime, ¿que éstos van
a matarle?

Perol   Yo soy paje,
    digo, gentilhombre soy,
despensero o mayordomo,
que no sé qué oficio tomo,
pero con ellos estoy.
    Van con notable secreto;
mas, por más que se han guardado,
yo sé que llevan tratado

114

de darle muerte, en efeto.
　　A no lo decir te esfuerza.
Eres mujer; no podrás,
que lo que os encargan más
eso decís con más fuerza.
　　Que si ganan, como creo,
las seis ciudades aquí,
la que fuere para mí
en tu persona la empleo.

Celia　　　　　　　Id con Dios, que si volvieres,
donde sabes me hallarás.

Perol　　　　Si callas, Celia, serás
nuevo ejemplo de mujeres.

(Vase.)

Siralbo　　　　　　¿Fuese Perol?

Celia　　　　　　　　　¿No lo ves?

Siralbo　　　　¿Tan deprisa?

Celia　　　　　　　　Hay cierto efeto.

Siralbo　　　　¿Cómo?

Celia　　　　　　　Encargóme el secreto.

Siralbo　　　　Tú me lo dirás después.

Celia　　　　　　Y aun agora.

Siralbo	¿De qué modo?
Celia	Los que viene acompañando van a matar al rey.
Siralbo	¿Cuándo?
Celia	Pudiendo.
Siralbo	¡Locura es todo! Pero ¡qué bien has guardado el secreto!
Celia	Si a él le importa y en hablar no se reporta, él mismo ejemplo me ha dado. ¿Por qué piensas que es la lengua tan fácil en atreverse y tan ligera en moverse para nuestro daño y mengua?
Siralbo	¿Por qué?
Celia	Porque en agua está y en la saliva resbala. La cabeza es menos mala y el pie más pesado va; la mano tarda en moverse, porque, en fin, sin agua están; lengua y ojos mal podrán de hablar y ver detenerse, porque en ella están fundados. Vamos, Siralbo, a la fuente y de Perol, que es valiente,

no te maten los cuidados.

Siralbo   ¡Qué lástima!

Celia   ¡Qué suceso!

Siralbo   Vamos, y al cielo pluguiera
que tan seca os hiciera
de lengua como de seso.

(Vanse y salen el Rey y su hijo Rosaberto, de caza, y Aurelio, Enrico, y Roselo.)

Rey   Suele imitar tan al justo,
hio, la caza a la guerra,
que quiero que es esta sierra
sea tu ejercicio y gusto.
Aquí te harás tan robusto
como conviene a soldado;
aquí sabrás a mi lado
el oso esperar, y aquí
perseguir el jabalí
y herir el veloz venado.
   Mira estos campos que están
de tantas plantas vestidos,
que estos arroyos lucidos
cortos espejos les dan.
Mira qué alegres que van,
qué sonoros y qué iguales.
Si al campo con gusto sales
excusarás muchos vicios,
que no hay tales ejercicios
para los pechos reales.
   Tal vez de correr cansado
dormirás del agua al son,

haciéndote pabellón
los altos olmos del prado.
Tal vez de un arroyo helado
sabrás beber el cristal
sin aparato real,
porque en su ribera fresca
se aprende la soldadesca
como en el campo marcial.

    Tal vez con la propia mano
alcanzarás, diligente,
la fruta al ramo pendiente
cuando declina el verano.
Allá serás cortesano
y aquí soldado serás.
Con la virtud vencerás
con juveniles engaños,
que la experiencia y los años
te enseñarán lo demás.

Rosaberto   Con tu ejemplo, que, en fin, es
de un príncipe tan ilustre,
daré a mis rudezas lustre;
seré tu fénix después.
Beso mil veces tus pies
por el consejo y favor.

Rey   Esto me enseña tu amor,
y si es lección que te agrada,
a tu memoria traslada
estos pensamientos míos
hasta que con otros bríos
desnudes la blanda espada.

Aurelio   Cuando quieras descansar

está todo prevenido.

Rey
Para que cese el ruido
haced la gente apartar.

Enrico
Bajan de aqueste pinar
rudos villanos a veros.

Rey
Cazadores y monteros
prevenid para la tarde.

Roselo
Ya de su vistoso alarde
tiemblan los ciervos ligeros.

(Sale Perol.)

Perol
En hábito de villanos
mis amos vienen aquí
para ejecutar ansí
locos pensamientos vanos.
Dijéronme que acechase
cuándo descansaba el rey.
¡Oh, Codicia! ¿Dónde hay ley
que tu rigor no trapase?
Quieren llegar a ocasión
que esté sin gente.

Aurelio
¿Quién va?

Perol
¿No lo ven?

Aurelio
Haceos allá.

Perol
Oiga, hablando con perdón.

Aurelio   ¿Qué queréis?

Perol   Al rey le diga
que quiere hablarle...

Aurelio   ¿Quien?

Perol   Yo.

Aurelio   ¿Vos?

Perol   ¿No tengo lengua?

Aurelio   No.

Perol   A enseñársela me obliga.

Rey   ¿Qué es eso?

Perol   ¿No se le acuerda
a su esquelencia de mí?

Rey   ¿De vos? Pues, ¿adónde os vi?

Perol   ¡Que así la memoria pierda
   y esté de sí tan ajeno!
Cuando de Cleves huía,
¿un labrador no le dio
un rocín tuerto, muy bueno,
   que tragaba lindamente
las leguas y la cebada?

Rey   Aurelio, aquella jornada

importó el ser diligente.

Aurelio   No se me olvida, señor,
del peligro que tuvimos,
pues sin caballos nos vimos.

Rey   Debo a este buen labrador
poco menos que la vida.
Mas, ¿cómo vivís aquí?

Perol   Retira, señor, de ti,
pues mi amor no se te olvida,
toda esta gente y sabrás
a lo que vengo.

Rey   Conmigo
te aparta.

Perol   ¿Estoy bien?

Rey   Sí, amigo.

Perol   ¿Puédote hablar?

Rey   Bien podrás.

Perol   De los montes de mi aldea
desesperado salí,
ioh, muy magnífico rey,
que alumbre Dios sin parir!,
por celos de una villana,
cuyo zapato gentil
pudiera dar quince y falta
al más gallardo chapín.

Casóseme por su gusto
con un pastor albañil.
¡De mal andamio de torre
vuele, sin ser serafín!
Yo, como otros mil perdidos,
vine a la Corte a servir
o aprender algún oficio
de muchos que en ella vi.
Primeramente, señor,
para aprender a morir,
serví un cierto pretendiente
a costa de su rocín.
Tuve algunos refregones
con la gualdrapa, y perdí
los estribos y los meses
que hay desde noviembre a abril.
De la ceniza en las brasas
salté, señor, porque di
entre un hombre y una mula,
mula que hablaba latín.
Dejélos por sagitarios,
y fui a servir desde allí
a un discreto, que es oficio
como sastre o menestril.
Este hablaba de tal suerte,
que una mañana la vi,
caídas las dos quijadas
y estas palabras decir:
«¡Oh, si de diamante fuera
la lengua con que nací,
pues que Dios hizo de bronce
a quien me pudo sufrir!»
Dejéle muerto, de hablar
harto no; Troya fue aquí,

porque di con un poeta
toda de plata y marfil,
todo de perlas y de oro;
pero pienso que comí
cercendaduras de versos
desde San Blas a San Gil.
Al fin, como de su trato
tanta soberbia aprendí,
pasé a servir gente ilustre;
dos caballeros serví.
Estos, oyendo que daban
de las riberas del Rin
las mejores seis ciudades
que Cleves encierra en sí
al que diese las cabezas
de vos y vuestro delfín,
determinaron ser ellos,
y vienen a ver si aquí
pueden a traición mataros
en traje villano y vil,
porque en diciendo que os llevan
a enseñar un jabalí,
piensan de ocultas pistolas
dar la rueda al polvorín.
Yo, que he visto a la duquesa,
cuyo pobre huésped fui,
llorar por este pregón
que no fue su gusto, en fin,
tuve a dicha el avisaros,
por ella, por vos, por mí,
por que, a pesar de traidores,
viváis desde un siglo a mil.

Rey   Hay cosa semejante?

Perol	De esta traza se quiere aprovechar su atrevimiento.
Rey	¡Buen lance hubiera echado en esta caza! ¿Son éstos?
Perol	Sí, señor.
Rey	Huye al momento.

(Salen Clenardo y Panfilo, vestidos de labradores.)

Perol	Aquí me escondo.
Clenardo	Dile cómo has visto estar comiendo el rústico sustento de este encinar al jabalí, Doristo.
Panfilo	¡Pardiez, que ha de matarle su excelencia!
Rey (Aparte.)	¿Qué es esto, amigos? (¡El furor resisto!)
Clenardo	Ven solo, gran señor, con advertencia de que se irá, sintiendo alguna gente, un jabalí que espanta su presencia; que solo con tu hijo en esta fuente le matarás al paso.
Rey (Aparte.)	(Así lo creo, a estar de vuestras armas inocente; mas no ejecutaréis vuestro deseo.) ¿Aurelio?

Aurelio	¿Gran señor?
Rey	Prende a estos hombres. Perdido habéis en esto loco empleo.
Clenardo	Pues ¿hay por qué de un jabalí te asombres?
Rey	Miradlos bien.
Enrico	Pistolas son aquéstas.
Rey	Ya sé vuestra traición y vuestros nombres.
Roselo	¿Quisiéronte matar?
Rey	Las bocas de éstas lo dijeran mejor si las piedades del cielo no nos fueran manifiestas.
Aurelio	Pasaréles el pecho.
Clenardo	Las ciudades de Cleves como en Frisia prometidas despiertan contra ti las voluntades. Éstas, señor, se atreven a las vidas del príncipe y de ti.
Panfilo	Las nuestras eran las que vinieron hasta aquí vendidas.
Aurelio	Mira, señor, que los demás se alteran.
Rey	Óyeme, Aurelio, atento. Si las cosas de la duquesa bien se consideran,

125

no presumo que son tan sospechosas,
pues quien de estos traidores me dio aviso
muestra que sus entrañas son piadosas.
    Secretamente, Aurelio, y de improviso
de estos dos hombres las cabezas corta,
de quien librar mi vida el cielo quiso,
    y dame las cabezas, que me importa
hacer de mis sospechas una prueba.

Aurelio   Mucho el castigo tu grandeza acorta.

Rey   Tras esto, con los dos llevaréis nueva
que al príncipe y a mí nos dieron muerte,
y de estos hombres los dos cuerpos lleva
    con nuestras ropas mismas, de tal suerte,
que se crea que son nuestras personas.
Solo a estos dos de que el engaño advierte
    dirás que por lo mismo que pregonas
a Cleves llevan ya nuestras cabezas.

Aurelio   Su amor con triste llanto galardonas.

Rey   Presto verán el fin de sus tristezas.

Aurelio   ¡Traed a esos traidores!

Roselo   ¿Dónde vamos?

Aurelio   Detrás de aquestas ásperas malezas.

Clenardo   Vendidos fuimos.

Panfilo   La ocasión erramos.

126

(Sale Perol.)

Perol
Salir quise, señor, a que me vieran.
Todo lo vi desde estos verdes ramos.

Rosaberto
¿Qué pretendes hacer luego que mueran?

Rey
Partir contigo a Cleves, disfrazado;
que no es bien que estas cosas se difieran.
  Ni se ha casado Elena ni mudado.
Tú eres su hijo; yo he de ver mi muerte
o quedar de mi honor desengañado.

Rosaberto
Besar quiero tus pies.

Perol
                    A mí me advierte
lo que tengo de hacer.

Rey
                    Esas cabezas
de quien Aurelio ya la sangre vierte
        traes ocultas.

Perol
                    Altamente empiezas
a procurar tu justo desengaño.

Rey
Cansado vivo ya de mis tristezas.
O se acabe la vida o el engaño.

(Vanse y sale la Duquesa y Otavia.)

Elena
        En esta resolución
tengo, Otavia, el pensamiento.

Otavia
Cosas de tu ingenio son.

Elena	¿Hay más triste casamiento?
	¿Hay más bárbara afición?
	Que algún hombre con desdén
	trate a quien le quiere bien,
	puede haber causas o engaños.
	¡Pero que a mí tantos años
	este galardón me den!
Otavia	Tenéis tan malos terceros
	en Pinabelo y Otón,
	que es imposible poneros
	en paz.
Elena	Los dos polos son
	de todos mis males fieros.
	No dudes; culpa he tenido
	en que no los hayan muerto.
	Piedad de mujer ha sido.
	¡Yo a mi hijo Rosaberto!
	¡Yo matar a mi marido!
	¡Loca estoy de este pregón!
Otavia	Con esto se ha echado el sello
	a tu discordia y pasión.
Elena	Si he sido culpada en ello,
	yo muera, Otavia, a traición.
	¡Ay, gobierno de mujer,
	errado cuando acertado;
	pues aunque sobre el poder,
	en no viendo espada al lado
	se afrentan de obedecer!
	Ni puedo admitir marido,

ni hacer que me teman puedo.
Cuando el que ha de ser temido
llega, Otavia, a tener miedo
el gobierno va perdido.
    Morir quiero, y no vivir
entre Otón y Pinabelo.
Al rey tengo de escribir
que venga a matarme. ¡Ay, cielo!
¡Qué mayor bien que morir!

Otavia
    Mira que es eso locura.
Tu daño, señora, advierte.

Elena
¡En los males que no hay cura
dichoso el que con la muerte
descansa en la sepultura!

(Salen Otón, Pinabelo y Leonido.)

Leonido
    Dicen que nos has llamado
porque estás con mucha pena.
¿Qué tienes? ¿Qué te han contado?

Elena
¡Perros! ¡Por vida de Elena,
que os he de dar dueño honrado!
    Vasallos habéis de ser
de Frisia. Yo haré venir
al rey, que os haga temer.
Hoy le tengo de escribir
que os enseñe a obedecer.
    Su hijo en vuestro señor;
ponga gobierno en su estado;
máteme y cobre su honor,
que aunque no se le he quitado,

ya lo tengo por mejor.
    ¿Quién fue el infame que ha hecho
con este pregón de agora
nueva desgracia en su pecho?

Otón

Advierte, heroica señora,
que procuran tu provecho.

Elena

    Que no hay provecho, villanos.

Pinabelo

¿No hay de procurar tu vida?

Elena

¿Qué vida, si sois tiranos?
Hoy estoy aborrecida.
Mi vida pongo en sus manos.
    De todos he de vengarme
con morir.

Pinabelo

        ¡Bravo rigor!

Elena

¡Albano venga a matarme!

Leonido

¡Qué raro ejemplo de amor!

(Sale Alberto.)

Alberto

Albricias pudieras darme,
    si yo no te conociera,
de la nueva que ha venido
y menos sangrienta fuera.

Elena

¿Cómo?

Alberto

        Ya es muerto el que ha sido...

Elena	¡No prosigas! ¡Tente! ¡Espera! ¿Es el rey?
Alberto	Dos caballeros tudescos en una caza le han muerto.
Elena	¡Oh, tiranos fieros!
Alberto	Dióles un monte la traza y el hábito dos monteros, que dicen que estando a solas le tiraron dos pistolas.
Elena	¿Es cierto?
Alberto	Sin duda es cierto. Y a tu hijo Rosaberto.
Elena	¡Calla, que cubren las olas del mar de tanto dolor el alma, que ya se anega!
Otón (Aparte.)	(¡Brava nueva!)
Pinabelo (Aparte.)	(¡Qué mejor!)
Leonido	Ya con las cabezas llega.

(Sale Perol, de tudesco gracioso, con una caja, y el Rey y Pinabelo, su hijo, de tudescos, con calzas, muy galanes, y muchas plumas.)

Perol	Llega, y no tengas temor.

Rey	Dame, señora, tus pies;
	pues más por vengar tu agravio
	que por promesa hemos hecho
	hazaña que importa tanto
	a tu vida, a tu sosiego,
	a tus nobles, a tu estado
	y al bien común de dos reinos.
Rosaberto	Aquí en esta caja traigo
	las degolladas cabezas
	de Rosaberto y Albano.
	Agora casarte puedes
	y dar para siglos largos
	herederos de tu sangre
	a tu estado y tus vasallos.
Elena	¡Calla, infame, que ni he sido
	quien esa sentencia ha dado,
	ni en mi vida tuve intento
	de solicitar su daño!
	¡Ya es muerto el rey, mi señor!
	El sentimiento que hago
	no es por temor ni lisonjas,
	mas porque, aun muerto, le amo!
	Estos traidores han sido
	los que este pregón han dado.
	Yo me mataré tras él.
	Suelta de ese infame lado
	la espada, porque una misma
	nos quite la vida a entrambos.
Rey	¡Tente, señora! ¡Qué es esto?
	Pésame de haberte dado

este dolor.

Elena   Tú me has muerto
               y los que me estáis mirando.

Otón   ¡Ya no se puede sufrir,
               Elena, tu pecho ingrato!
               Tu hijo y el rey son muertos.
               Trata de tomar estado,
               o buscaremos señor.

Elena   ¿Eso me dices, villano?

Otón   Pues habiendo el rey de Frisia
               tan mal de tu honor tratado,
               que hasta agora sin él vives,
               siendo testimonio claro,
               ¿es justo que por él llores?

Rey   Paso, almirante Otón, paso,
               que el rey no le levantó
               ese testimonio cuando
               le llevaste a la duquesa,
               y tuyo fue el falso trato;
               que tú le dijiste al rey
               su ofensa y que en su palacio
               el hombre le enseñarías.

Otón   ¿Yo?

Rey   ¡Tú!

Otón   ¿Quién te lo ha contado?

Rey	¿El rey!
Otón	Con testigos muertos, mala probanza.
Rey	Yo hago más fe que el rey.
Otón	Pues, tú mientes.
Rey	¡Toma!

(En dándole un bofetón, se pongan con las espadas el Rey y Rosaberto, el príncipe, Otón y Pinabelo y la Duquesa en medio.)

Elena	¿Hay caso más extraño?
Otón	¡En mi cara! ¡Pinabelo!
Pinabelo	¿Señor? Aquí estoy. ¡Matadlo!
Elena	Teneos.
Rey	Yo soy el rey, y éste es mi hijo, villanos. A mí ninguno me ha muerto, duquesa, y si tantos años en tal discordia he vivido, ese infame lo ha causado. Él me dijo que ofendías mi honor. Yo, con el agravio, entréle a ver, y salieron su hijo y su gente al paso. Salí huyendo, y he vivido,

	hasta que he sido avisado
	de tu justo sentimiento,
	la venganza procurando,
	y he tenido por mejor,
	reina, ponerme en tus manos,
	que vivir entre sospechas.
Elena	¡Dame, gran señor, los brazos,
	o esos pies, que es más razón!
Rey	¡Tu hijo abraza!
Elena	Este llanto
	te dice lo que no puedo.
Rosaberto	Mis ojos te la han pagado.
Perol	¿Quién ha de pagar el porte
	de estas cabezas?
Elena	¡Criados!
	Las de Otón y Pinabelo
	con esas dos haced cuatro.
Otón	¡Señora!
Elena	¡Llevadlos luego!
Pinabelo	¡Más merecemos!
Elena	¡Llevadlos!
Perol	¿No conoces a Perol,
	el que en el monte cazando

toda la noche tenía
de las traíllas los galgos?
Pues yo fui el que al rey le di
el rocín tuerto pasando
por mi cabaña una noche.

Elena

Alcaide, Perol, te hago
de las dos torres de Cleves.

Rey

Yo le doy seis mis ducados
de renta.

Rosaberto

      Yo le hago noble.

Perol

A todos beso las manos.
¿Qué armas he de poner?

Rosaberto

Escoge.

Perol

      En el primer cuarto
tres cantimploras de vino;
en el segundo, un pedazo
de una nalga de tocino,
y en el tercero un gazapo;
en el cuarto, medio queso,
porque acabe con aplauso,
en la cama o en la mesa,
la discordia en los casados.

Fin de la comedia

Libros a la carta

A la carta es un servicio especializado para
empresas,
librerías,
bibliotecas,
editoriales
y centros de enseñanza;
y permite confeccionar libros que, por su formato y concepción, sirven a los propósitos más específicos de estas instituciones.

Las empresas nos encargan ediciones personalizadas para marketing editorial o para regalos institucionales. Y los interesados solicitan, a título personal, ediciones antiguas, o no disponibles en el mercado; y las acompañan con notas y comentarios críticos.

Las ediciones tienen como apoyo un libro de estilo con todo tipo de referencias sobre los criterios de tratamiento tipográfico aplicados a nuestros libros que puede ser consultado en Linkgua-ediciones.com.

Linkgua edita por encargo diferentes versiones de una misma obra con distintos tratamientos ortotipográficos (actualizaciones de carácter divulgativo de un clásico, o versiones estrictamente fieles a la edición original de referencia). Este servicio de ediciones a la carta le permitirá, si usted se dedica a la enseñanza, tener una forma de hacer pública su interpretación de un texto y, sobre una versión digitalizada «base», usted podrá introducir interpretaciones del texto fuente. Es un tópico que los profesores denuncien en clase los desmanes de una edición, o vayan comentando errores de interpretación de un texto y esta es una solución útil a esa necesidad del mundo académico.

Asimismo publicamos de manera sistemática, en un mismo catálogo, tesis doctorales y actas de congresos académicos, que son distribuidas a través de nuestra Web.

El servicio de «libros a la carta» funciona de dos formas.

1. Tenemos un fondo de libros digitalizados que usted puede personalizar en tiradas de al menos cinco ejemplares. Estas personalizaciones pueden ser de todo tipo: añadir notas de clase para uso de un grupo de estudiantes, introducir logos corporativos para uso con fines de marketing empresarial, etc. etc.

2. Buscamos libros descatalogados de otras editoriales y los reeditamos en tiradas cortas a petición de un cliente.